Manuela Georgiakaki
Elisabeth Graf-Riemann
Christiane Seuthe

Beste Freunde A1.2
DEUTSCH FÜR JUGENDLICHE

Deutsch als Fremdsprache
Kursbuch

Hueber Verlag

Beratung:
PD Dr. habil. Marion Grein, Johannes Gutenberg-Universität Mainz

 Die Audio-Dateien finden Sie in der *Hueber Media*-App und
unter: www.hueber.de/beste-freunde

11.	10.	9.			Die letzten Ziffern
2027	26	25	24	23	bezeichnen Zahl und Jahr des Druckes.

Alle Drucke dieser Auflage können, da unverändert,
nebeneinander benutzt werden.
1. Auflage
© 2014 Hueber Verlag GmbH & Co. KG, München, Deutschland
Umschlaggestaltung: Sieveking · Agentur für Kommunikation, München
Layout und Satz: Sieveking · Agentur für Kommunikation, München
Verlagsredaktion: Julia Guess, Beate Dorner,
Silke Hilpert, Hueber Verlag, München; Anja Schümann, München
Druck und Bindung: Westermann Druck Zwickau GmbH, Zwickau
Printed in Germany
ISBN 978–3–19–501051–1

Liebe Leserinnen, liebe Leser,

Beste Freunde – das könnten Ihre Lerner und dieses Buch werden!
Beste Freunde richtet sich an Jugendliche, die mit dem Deutschlernen beginnen,
und führt sie in überschaubaren und sicheren Schritten in die neue Sprache ein.
Begleitet werden die Lernenden dabei von einer Freundesgruppe von Jugendlichen,
denen sie in unterschiedlichen Situationen und kleinen Geschichten begegnen
und die sie mit einer Vielzahl von Themen bekannt machen. Die Auswahl dieser
Themen orientiert sich an den Vorgaben des *Gemeinsamen Europäischen Referenz-
rahmens für Sprachen* (GER).

Beste Freunde unterstützt ein aufgabenorientiertes, kommunikatives Lernen,
das den aktuellen Gebrauch der Sprache berücksichtigt. Der kleinschrittige,
systematische Aufbau von Grammatik, Wortschatz und Redemitteln sowie eine
klare Aufgabenstellung sorgen dabei für Sicherheit und Transparenz.

Das Kursbuch ist in Module gegliedert. Jedes Modul umfasst drei kurze Lektionen
mit je vier Seiten und wird von einem der Jugendlichen thematisch zusammen-
gehalten. Auf einer Moduleinstiegsseite wird der jeweilige Protagonist bzw.
die jeweilige Protagonistin in einem Porträt vorgestellt, zusammen mit den
kommunikativen Lernzielen des Moduls. Unterschiedliche Lese- und Hörtexte
sind der Ausgangspunkt für die systematische Spracharbeit in den Lektionen.
In vielen Lektionen sind zudem Partnerübungen angelegt, die mit Partnerseiten
im Arbeitsbuch verknüpft sind und eine Vertiefung des Lernstoffs ermöglichen.
Jedes Modul enthält darüber hinaus eine magazinartige Seite mit interessanten
Informationen zur Landeskunde, eine Projektseite für die Portfolio-Arbeit sowie
eine Grammatikübersicht, die den Grammatikstoff des Moduls übersichtlich
zusammenfasst. Eine Wiederholungsseite mit binnendifferenzierenden Aufgaben
zu allen drei Lektionen des Moduls bildet jeweils den Abschluss.

Allen, die mit *Beste(n) Freunde(n)* arbeiten, wünschen wir viel Spaß und Erfolg!
Die Autorinnen

Inhalt

Inhalt

Nico

Unsere Klasse stellt sich vor

① Hallo! Ich heiße Nico Jahn, bin 13 Jahre alt und gehe in die 8a am Max-Planck-Gymnasium. Meine Heimatstadt ist Rostock. Auf der Karte von Deutschland ist Rostock ganz oben rechts.

② Ich habe viele Hobbys. Ich bastle kleine Schiffe, also Modellschiffe. Ein großes Schiff habe ich nicht, nur ein Surfbrett. ☺ Wo kann ich hier surfen? Hat jemand eine Idee?

③ Außerdem spiele ich sehr gern Fußball. Zu Hause bin ich ein Fan von Hansa Rostock. In München bin ich FC-Bayern-Fan. Mit meinem Vater gehe ich manchmal in die Allianz-Arena zu einem Spiel mit dem FC Bayern. Und ich trainiere viel. Fußball macht total Spaß, finde ich. Und ich bin gern draußen.

④ Musik finde ich auch sehr wichtig. Ich höre gern Musik, zum Beispiel deutsche und englische Gruppen, und ich spiele Gitarre. Allein üben finde ich nicht so toll, deshalb möchte ich gern in einer Band spielen. Hallo, Pasinger Bands! Wer sucht einen Gitarristen? Ich bin nicht perfekt, aber schon ganz gut. ☺

1 Schau das Bild oben an. Was weißt du schon über Nico?

2 Lies den Text. Welcher Textabschnitt passt zu Bild A–D?

A ?   B ?   C ?   D ?

über Hobbys sprechen ● jemanden auffordern, etwas zu tun ● sagen, wohin man geht ● über Schmerzen sprechen ● gute Wünsche aussprechen ● erzählen, was gestern passiert ist ● eine Begründung angeben ● jemanden anrufen ● jemanden nach der Adresse und Telefonnummer fragen ● über Verkehrsmittel sprechen ● sagen, wie oft man etwas tut ● sagen, ob man zufrieden war ● Komplimente machen

Lernziele

10 LEKTION

Von: nicjahn@d-mail.de
An: info@msk-pasing.de
Betreff: Ich sammle Schiffe

Hallo,
mein Name ist Nico Jahn. Ich wohne in München, komme aber aus Rostock. Deshalb liebe ich das Meer und Schiffe. Ich sammle Schiffe, also Modellschiffe. Und natürlich bastle ich auch selbst Schiffe. Nun meine Frage: Kann ich im Klub Pasing mitmachen? Gibt es Klub-Treffen? Wann und wo?

Viele Grüße
Nico Jahn

P.S.: Meine Handynummer ist 0188-8373252.

1 **Lies die E-Mail. Ist das richtig (r) oder falsch (f) ?**

1. Nico schreibt an einen Klub für Modellschiffe.   r f
2. Er möchte ein Schiff kaufen.   r f
3. Nico sammelt und bastelt Schiffe.   r f
4. Nico möchte einen Klub in Rostock finden.   r f
5. Er möchte im Klub mitmachen.   r f

2 **Was sammelst du? Macht eine Kettenübung.**

Ich sammle Fan-Artikel von Bayern München.

David sammelt Fan-Artikel von Bayern München. Ich sammle Ringe.

David sammelt …
Maria sammelt …
Und ich sammle …

Fan-Artikel von … •
CDs von … • Ringe •
Computerspiele •
DVDs von … • Ohrringe •
Poster von … •
Handy-Anhänger •
…

Verben sammeln, basteln

ich sam**ml**e	bas**tl**e
du sammelst	bastelst
er/es/sie sammelt	bastelt

→ AB, Ü 1–2   GRAMMATIK, Ü 3   Ü 4

3a **Hör zu. Was antworten die Personen? Wie ist die Reihenfolge?**

2-9 🔊 Und was ist dein Hobby?

? Ich lese gern.
? Ich tanze gern.
① Ich bastle gern Flugzeuge.
? Ich skype gern.

? Ich sehe gern fern.
? Ich fahre gern Skateboard.
? Ich laufe gern Marathon.
? Ich treffe gern Freunde.

> Lies zuerst die Sätze. Achte dann beim Hören darauf, ob du dieselben Wörter hörst.

b **Sprecht über eure Hobbys.**

◆ Was ist dein Hobby? Liest du gern?

● Ja, ich lese gern.
◆ Was liest du gerade?
● ...
◆ Und wann liest du?
● ...

▲ Nein, ich skype lieber. Skypst du auch gern?
◆ ...
▲ ...

Verben		
ich lese	→	du liest
ich sehe fern	→	du siehst fern
ich fahre	→	du fährst
ich laufe	→	du läufst
ich treffe	→	du triffst
ich tanze	→	du tanzt

4 **Spielt das Partnersuchspiel. Wer hat dieselbe Information? Fragt und antwortet.**

Fährst du Skateboard?

Ich lese.

Ich fahre Skateboard.

Nein, ich lese.

Tanzt du?

Ich tanze.

Ich tanze.

Ja, ich tanze.

5 **Was macht Nico? Sag stumm einen Satz. Deine Partnerin / Dein Partner rät.**

● ⊘ ...
◆ Wie bitte?
● ⊘ ...
◆ Kannst du das bitte noch mal wiederholen?
● ⊘ ...
◆ Nico bastelt ein Schiff.
● Ja, richtig.

→ AB, Ü 5   GRAMMATIK, Ü 6   Ü 7–8   GRAMMATIK, Ü 9   Ü 10

6 **Schreib eine E-Mail wie Nico an einen Klub oder einen Sportverein.**

• Wie heißt du?
• Was ist dein Hobby?

• Wo wohnst du?
• Was möchtest du fragen?

→ AB, SCHREIBTRAINING, Ü 11

7 Lies die Anzeige. Was ist richtig?

„Kleine Welt ganz groß"
Mach mit und gewinne 200 Euro!

Wettbewerb

Was musst du machen? Du fotografierst dein Schiff und
schickst das Foto per Post oder per E-Mail. Dein Modell ist
nicht fertig? Kein Problem! Dann machst du einfach eine
Skizze. Mach schnell, du hast nur bis 5. Dezember Zeit!
Und vergiss deine Adresse und Telefonnummer nicht!

www.1-2-bau.de
Das Magazin für
Modellbau

Das Magazin für Modellbau
Redaktion
Genter Straße 48
50674 Köln
Tel: 02 21 / 9 56 97 73

1. Das ist ein Text für
   a Jungen und Mädchen mit Modellschiffen.
   b Jungen und Mädchen mit Problemen.
   c Fotografen.

2. Was schickst du?
   a Ein Schiff.
   b Ein Foto oder eine Skizze.
   c Ein Modell.

3. Wie schickst du es?
   a Per Post.
   b Per E-Mail.
   c Per E-Mail oder per Post.

8 Schau die Bilder an und lies. Welche Tipps gibt Laura in Bild C? Was glaubst du?

Schau mal,
Nico. Cool!

A

Au ja,
da mache
ich mit.

B

?

C

a Mach doch eine Skizze.
b Schreib an das Magazin für Modellbau!
c Mach bitte schnell.
d Bastle ein Super-Schiff!
e Mach bitte nicht mit.

f Fotografier doch deine „Titanic".
g Lies doch mal eine E-Mail.
h Kauf ein Schiff und schick es an das Magazin!
i Spiel doch mal mit Simon am Computer.
j Schick ein Foto per E-Mail!

→ AB, Ü 12

9 Paul mag Alina. Gib Paul Tipps.

Schick doch Alina … ✕ Spiel mit Alina … ✕ Sag Alina: … ✕ Kauf Alina … ✕
Bring Alina … mit. ✕ Schreib doch Alina … ✕ Schau doch mal mit Alina …
Lauf doch mal mit Alina … ✕ Tanz doch mit Alina … ✕ Iss doch mit Alina …

Imperativ in der du-Form		
~~du~~ schreib~~st~~	→	schreib!
~~du~~ bring~~st~~ … mit	→	bring … mit!

Nach dem
Imperativsatz steht
oft ein Ausrufezeichen.
Mit *doch, mal, bitte*
klingt der Satz
freundlicher.

→ AB, GRAMMATIK, Ü 13   Ü 14–15   GRAMMATIK, Ü 16

10 Spielt das Pantomimespiel „Mach dies, mach das!"

Lies einen Comic!

11a Schau das Bild an. Hör dann zu.
Wer hinterlässt eine Nachricht für Nico?

10 (•))

ⓐ der Klub Pasing
ⓑ Laura

b Hör noch einmal. Was ist richtig?

10 (•))

1. Wann sind die Klub-Treffen immer?
ⓐ am Samstag
ⓑ am Donnerstag
ⓒ am Sonntag

2. Wohin muss Nico im Winter gehen?
ⓐ ins Café Bauer
ⓑ in den Klub
ⓒ in den See-Park

12 Wohin können sie gehen?
Mach Vorschläge.

in den Park ✕ ins Kino ✕ ins Café Bauer ✕ in die Bibliothek ✕
ins Schwimmbad ✕ in die Sporthalle ✕ ins Kaufhaus

1. Laura möchte Ohrringe kaufen.
2. Anna möchte schwimmen.
3. Simon und Lilly möchten einen Film schauen.
4. Nico möchte Modellschiff-Fans treffen.
5. Max möchte klettern.
6. Lukas möchte Skateboard fahren.
7. Kati möchte ein Buch lesen.

Laura kann ins Kaufhaus gehen.

Präposition **in**

⅄→▢ Wohin? in + Akkusativ

in den Park
(!) in das = ins Kino
in die Bibliothek

→ AB, GRAMMATIK, Ü 17 Ü 18 |

13a Was machst du gern ☺? Was nicht ☹? Schreib eine Liste.

lesen • schwimmen • Filme schauen •
Sport machen • Eis essen • Freunde treffen •
Skateboard fahren • einkaufen gehen • …

☺ ☹
lesen einkaufen gehen
? ?

b Spielt Dialoge. Stellt Fragen zu den Orten in 12 und antwortet mit euren Angaben in 13a.

● Gehst du oft in die Sporthalle?
◆ < ☺ Ja klar. Ich mache gern Sport.
☹ Nein, nicht so oft. Ich mache nicht gern Sport.

11 LEKTION

1a Schau das Bild an.
Was passiert? Was glaubst du?
Hör dann zu und vergleiche.

a) Nico macht ein Tor.
b) Nico hat einen Unfall.

b Hör noch einmal. Was ist richtig?

a) Nicos Bein tut weh.

b) Nicos Fuß tut weh.

c) Nico hat Kopfschmerzen.

2a Schau das Bild an und ergänze. Hör dann zu und kontrolliere.

| Kopf | Bein | Fuß | Hand | Arm | Ohr |

1. ?
2. ?
3. Zahn
4. Hals
5. ?
6. Rücken
7. Bauch
8. ?
9. ?
10. ?

b Hör noch einmal, sprich nach und zeig auf deine Körperteile.

→ AB, Ü 1–2

3 Macht Pantomime und spielt Dialoge.

◆ Hast du Halsschmerzen?
● Ja.
◆ Oh, wie blöd!

◆ Tut dein Hals weh?
● Ja.
◆ Oje!

◆ Tun deine Zähne weh?
● Ja.
◆ Oje!

→ AB, Ü 3

Deutsch
Biologie

...schmerzen:
Hals- • Bauch- • Kopf- • Ohren- • Rücken- • Zahn-

... tut weh:
Hals • Zahn • Ohr • Arm • Kopf • Rücken • Fuß •
Bauch • Bein • Hand

... tun weh:
Zähne • Ohren • Arme • Beine • Füße • Hände

4a Schau das Bild an: Was ist hier los? Antworte in deiner Sprache.

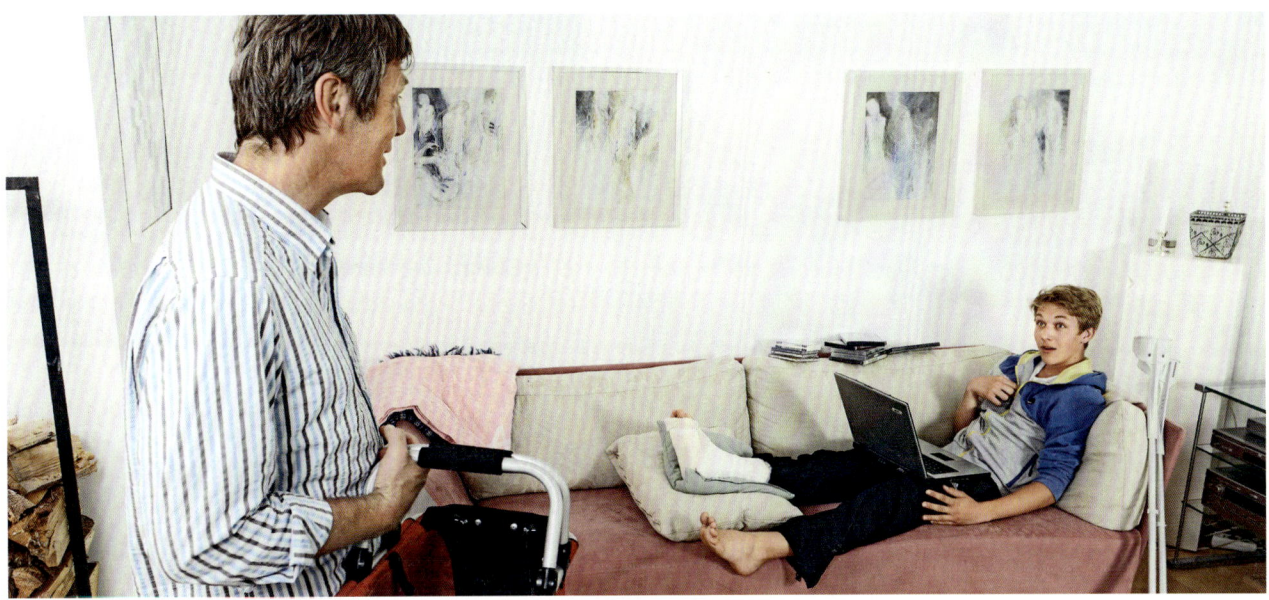

b Hör zu und lies mit. Vergleiche mit deinen Vermutungen.

14

Vater: Ich gehe jetzt in den Supermarkt. Ich bringe dir Orangensaft mit, ja?

Nico: Ja, danke. Du Papa, kommst du noch mal bitte?

Vater: Ja, was ist denn?

Nico: Kaufst du mir bitte auch ein Kicker-Magazin?

Vater: Hm.

Nico: Ach bitte! Es ist so langweilig! Und bring mir doch bitte auch Schokolade mit, ja?

Vater: Nein, Nico. Ich kaufe dir jetzt keine Schokolade. Wir essen ja gleich.

Nico: Okay, dann nur das Kicker-Magazin.

Vater: Na gut. Gibst du mir Geld?

Nico: Was? Ich?!

Vater: Na ja, mein Junge, du hast doch dein Taschengeld!

c Wer ist *mir* und *dir*: Vater oder Nico?

1. *Vater:* Ich bringe dir Orangensaft mit.
2. *Nico:* Kaufst du mir auch ein Kicker-Magazin?
3. *Nico:* Und bring mir doch bitte auch Schokolade mit.
4. *Vater:* Gibst du mir Geld?

5 Was passt zusammen? Spielt Dialoge mit *mitbringen, geben, kaufen* und *zeigen*.

Comic • DVD • Film • Fußball • Gitarre • Foto • Kicker-Magazin • Fahrrad • CD • Surfbrett • Pizza • Cola • Orangensaft • Radiergummi • Eis • Limo • Banane • Heft • Bleistift • Mineralwasser • …

Personalpronomen im Dativ	
Bringst du mir … mit?	Ich bringe dir … mit.
Gibst du mir …?	Ich gebe dir …
Kaufst du mir …?	Ich kaufe dir …
Zeigst du mir …?	Ich zeige dir …

1. ● Oh, zeigst du mir mal deinen Comic?
   ◆ ☺ Ja, gern. / Ja, gleich.
     ☹ Tut mir leid. Ich habe keine Zeit.

2. ● Ich bringe dir ein Heft mit, okay?
   ◆ ☺ Ja, gern. / Ja, danke.
     ☹ Nein danke (,jetzt nicht).

→ AB, GRAMMATIK, Ü 4   Ü 5–8

6a Schau die Bilder an und lies die Texte. Was passt zusammen?

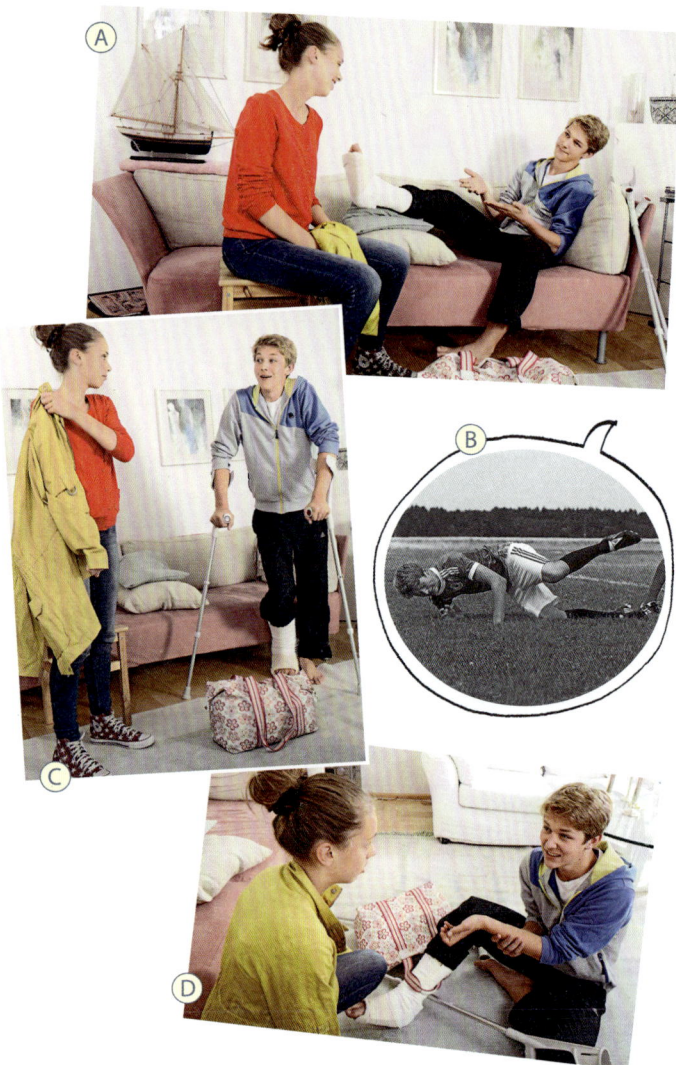

SO EIN PECH*!

①
?

Nico: Mist! … Oh nein! Mein Arm! Jetzt tut auch noch mein Arm weh!

②
?

Laura: Ja, zum Glück! … Du Nico, Anna und ich möchten ins Schwimmbad. Anna wartet. Ich muss leider schon los. … Also dann, gute Besserung!

Nico: Nein, warte! Ich möchte dir doch noch mein Schiff zeigen!

Laura: Vorsicht, Nico! Die Tasche!

③
?

Nico: Ich war gestern beim Training. Das Spiel war echt super, wirklich toll! Aber dann … Ich hatte leider einen Unfall. Total blöd. Boah, ich hatte solche Schmerzen …! Der Fuß tut immer noch weh. Na ja, aber ich hatte Glück: Er ist nicht gebrochen!

④
?

Laura: Hallo, Nico. Wie geht's?

Nico: Nicht so gut.

Laura: Das sehe ich. Was ist denn los?

*Pech ≠ Glück

---

b Lies noch einmal. Was ist richtig, ⓐ oder ⓑ?

1. ⓐ Laura war bei Nico.   [gestern]
2. ⓐ Nico war beim Training.
3. ⓐ Nico hatte beim Training einen Unfall.

1. ⓑ Laura ist bei Nico.   [heute]
2. ⓑ Nico ist beim Training.
3. ⓑ Nico hat beim Training einen Unfall.

1. MAI

2. MAI

---

7 Schreibt Kärtchen und spielt Dialoge.

Training   Test   Fahrrad-Tour   Surf-Kurs   ?

◆ Wie war der/das/die …?

☺ ● Es war gut. / toll. / super. / Ich hatte Glück.

☹ ▲ Nicht so gut. Ich hatte Probleme. / Pech. / einen Unfall. / Schmerzen. / keine Lust. / …

Präteritum sein, haben		
ich	war	hatte
er/es/sie	war	hatte

↪ AB, GRAMMATIK, Ü 9   Ü 10–11

8a **Was passt zusammen? Ordne zu.**

1. Nico hatte einen Unfall beim Training,   **a** deshalb tut sein Arm weh.
2. Nico hatte einen Unfall zu Hause,   **b** deshalb tut sein Fuß weh.

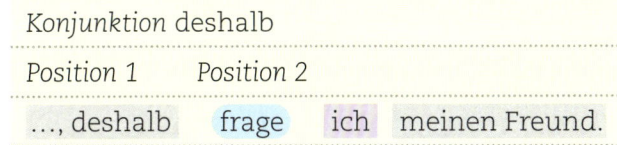

b **Macht eine Kettenübung.**
Welche Gruppe kann die meisten Sätze bilden?

Probleme in Englisch haben → meinen Freund fragen
→ eine Stunde telefonieren → nicht Fußball spielen → …

◆ Ich habe Probleme in Englisch,
   deshalb frage ich meinen Freund.
   ■ Ich frage meinen Freund,
      deshalb telefoniere ich eine Stunde.
      ● Ich telefoniere eine Stunde, …

Konjunktion deshalb			
Position 1	*Position 2*		
…, deshalb	frage	ich	meinen Freund.

→ AB, GRAMMATIK, Ü 12   SCHREIBTRAINING, Ü 13

9a **Schau den Text an und lies die Überschrift. Was ist das Thema? Antworte in deiner Sprache.**

Erste Hilfe bei Sportunfällen

P → **P**ause. Sofort Pause machen und Arm, Bein oder Fuß nicht mehr bewegen.

Bei Unfällen und Schmerzen an Fuß, Bein, Knie, Hand oder Arm gleich die **PECH**-Regel anwenden!

E → **E**is. Ein Eisbeutel oder kaltes Wasser hilft bei Schmerzen.

C → **C**ompression: Ein Verband ist gut. Er stabilisiert Bein, Arm oder Fuß.

H → **H**ochlegen: Bein, Arm oder Fuß hochlegen.

> Du verstehst in einem neuen Text nie alle Wörter. Das ist normal. Achte auf die Wörter, die du kennst.

b **Lies den Text und ordne die Bilder. Wie ist die Reihenfolge?**

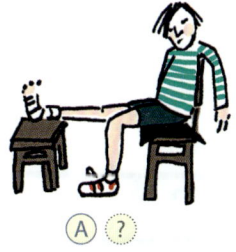 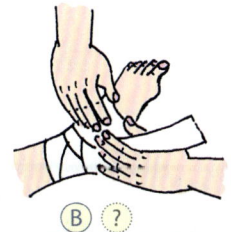 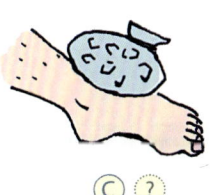  

A ?   **B** ?   **C** ?   **D** ①

c **Lies den Text noch einmal. Ist das richtig** r **oder falsch** f **?**

1. Die PECH-Regel ist gut bei Rückenschmerzen.   r f
2. Wichtig: Aktivität sofort stoppen.   r f
3. Du hast Schmerzen? Dann Bein, Arm oder Fuß mit Eis kühlen!   r f
4. Vorsicht: Keinen Verband am Fuß machen!   r f
5. Die Position von Bein, Arm oder Fuß ist egal.   r f

12 LEKTION

> Boah, ist das langweilig! Das macht doch keinen Spaß allein! Ich brauche eine Band.

1 **Schau das Bild an und lies. Antworte dann in deiner Sprache.**

- Wie kann Nico eine Band finden?

2 **Lies die Anzeigen. Welche ist für Nico interessant?**

Kurz & gut
Kleinanzeigen
Musik/Bands

① Hi! Spielst du Gitarre? Singst du gern? Wir (3 Mädchen) suchen Gitarristin und Sängerin. Ruf an! 0171-8373522, Anja

② Gitarristen Achtung! Brauche Geld! Verkaufe meine Fender Stratocaster E-Gitarre, super Teil, super Sound. 250 Euro. Tilo, 0170-993344

③ Ronny zieht um, oh weh! Wir spielen Bass, Keyboard und Schlagzeug, aber uns fehlt jetzt ein Gitarrist. Möchtest du mitmachen? Pop, Rock, Songs aus der ganzen Welt. Bist du dabei? Dann ruf an: Hanna, 0151-232425

3a **Hör zu. Wen ruft Nico an?**

15))

b **Hör noch einmal und ergänze die Notizen von Nico.**

15))

- Wann?
- Wo?

am ? um ? Spiegelstraße ?

4 **Macht eine Kettenübung.**

- ◆ Wo wohnst du?
  - ● Ich wohne in der Severinstraße 27. Wo wohnst du?
    - ■ Ich wohne am Europaplatz 3. Wo …?

→ AB, Ü 1–2

> Ich wohne in der …straße.
> am …platz.

5a **Zu welcher Situation passt das? Ordne zu.**

1. Wie heißt du denn? Gibst du mir deine Handynummer?
2. Wie ist dein Name? Ich brauche auch deine Telefonnummer!
3. Name und Adresse!

b **Wähl mit deiner Partnerin / deinem Partner eine Situation aus und spielt ein Rollenspiel. Fragt nach Name, Adresse, Telefon- oder Handynummer.**

→ AB, Ü 3–4

6a Wie kommt Nico zur Spiegelstraße? Hör nun das ganze Telefongespräch und lies den 2. Teil mit. Wie ist die Reihenfolge der Bilder?

16

Nico: Spiegelstraße? Kenne ich nicht.
Hanna: Wo wohnst du denn?
Nico: In der Linzer Straße, in Pasing.
Hanna: Ach, das ist nicht weit. Du fährst mit dem Bus Nummer 57 oder mit der Straßenbahn.
Nico: Mit der Straßenbahn?
Hanna: Ja, mit der 19. Zum Marienplatz.
Nico: Und dann?
Hanna: Und dann gehst du die Gleichmannstraße entlang und links in die Spiegelstraße. Wir proben im Haus Nummer 12. Ich warte dort.
Nico: Okay, dann bis Dienstag!
Hanna: Und komm bitte pünktlich um sechs, ja? Tschau!

b Lies noch einmal. Was ist richtig, a oder b?

1. Nico wohnt — a am Marienplatz. — b in der Linzer Straße.
2. Nico fährt mit dem Bus — a oder mit der Straßenbahn. — b und mit der Straßenbahn.
3. Nico fährt — a zum Marienplatz. — b zur Spiegelstraße.
4. Die Spiegelstraße ist dann — a rechts. ➡ — b links. ⬅
5. Nico muss — a pünktlich um sechs kommen. — b von sechs bis sieben kommen.

→ AB, Ü 5

7 Hör zu. Was ist das? Wie ist die Reihenfolge?

17

der Bus   die Straßenbahn   das Fahrrad   der Zug   das Auto   die U-Bahn

8 Wie kommst du zur Schule? Berichte in der Klasse.

manchmal → oft → meistens → immer

→ AB, Ü 6–8   GRAMMATIK, Ü 9   Ü 10

Ich gehe immer zu Fuß.

Ich fahre meistens mit dem Fahrrad.

Präposition mit + Dativ

mit dem Bus
mit dem Fahrrad
mit der Straßenbahn
(!) zu Fuß

9 Wohin geht Nico? Was glaubst du?

| zum Marienplatz ✗ zur Schule ✗ zum Modellschiff-Klub ✗ zur Bus-Haltestelle ✗ |
| zur Straßenbahn ✗ zum Training ✗ zum Supermarkt ✗ zum Bahnhof |

10 Spielt in Gruppen „6 und 1 – autsch". Das Spiel findet ihr im Arbeitsbuch auf Seite 84.

Ich gehe zum / zur …

Lukas, geh zum / zur …

Ich bin dran.

Präposition zu

Wohin? zu + *Dativ*

zum Bahnhof
zum Kino
zur Schule

→ AB, Ü 11   GRAMMATIK, Ü 12   Ü 13

11a Schau die Bilder an, hör das Lied und lies mit.
Antworte in deiner Sprache.

18

• Was ist das Problem?

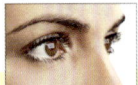

Sie wartet hier. Er wartet dort.
Sie sieht ihn nicht, er sieht sie nicht.
Sie heißt Hanna, er heißt Nico.

Sie heißt Hanna, er heißt Nico.
Sie machen zusammen Musik.

Er ruft sie an, das hört sie nicht.
Sie kennt ihn schon, er kennt sie auch.

Sie heißt Hanna, er heißt Nico.
Sie machen zusammen Musik.

Er spielt Gitarre, sie spielt Keyboard und singt.
Er findet sie süß, sie findet ihn nett.

Sie heißt Hanna, er heißt Nico.
Sie machen zusammen Musik.
Ja, sie machen zusammen Musik.

Deutsch
Musik

b **Was passt? Ergänze *Nico* oder *Hanna*.**

1. Hanna sieht (?) nicht und

   Nico sieht (?) nicht.

2. (?) ruft (?) an.

3. Hanna kennt (?) schon.

4. (?) findet (?) süß.

5. (?) findet (?) nett.

→ AB, Ü 14 ▌

12 **Wählt einen Star oder ein Spiel. Macht dann Dialoge.**

▲ Kennst du Shakira?

● Natürlich kenne ich sie.

▲ Und wie findest du sie?

● …

● Kennst du das Spiel „die Farm"?

▲ Natürlich kenne ich es.

● Spielst du es manchmal?

▲ …

▲ Kennst du Lionel Messi?

● Nein, ich kenne ihn nicht.

Personalpronomen im Akkusativ		
er	→	Ich kenne ihn.
es	→	Ich kenne es.
sie	→	Ich kenne sie.

→ AB, GRAMMATIK, Ü 15   Ü 16–17   SCHREIBTRAINING, Ü 18 ▌

13a **Schau die Bilder an. Was passiert jetzt? Antworte in deiner Sprache.**

Du bist Nico?! Ich kenne dich.

Du kennst mich?!

Ja, stimmt! Ich kenne dich auch.

Ja klar! Du fährst doch auch mit dem Bus zur Schule.

b **Ist das richtig (r) oder falsch (f)?**

1. Hanna kennt Nico.   (r) (f)
2. Hanna und Nico fahren zusammen mit der Straßenbahn zur Schule.   (r) (f)
3. Nico kennt Hanna auch.   (r) (f)

14a **Was antwortet Paula?**

Paula … eh … Ich finde dich süß. Magst du mich?

→ AB, GRAMMATIK, Ü 19   Ü 20 ▌

b **Spielt andere Dialoge zwischen Paul und Paula.**

süß • nett • toll • super • …

Personalpronomen im Akkusativ		
ich	→	Magst du mich?
du	→	Ich mag dich.

Was sammelst du?

1 Schau die Bilder an. Sammelst du diese oder andere Dinge? Antworte in deiner Sprache.

 A
 B
 C
 D

2a Was passt zusammen? Lies die Texte und ordne die Bilder zu.

Aktion „Schlafhandys sammeln": Viele Handys sind alt. Niemand braucht sie, sie „schlafen" zu Hause: Deshalb heißen sie „Schlafhandys". Jugendliche der Mittelschule Bergheim sammeln diese Handys. Eine Recycling-Firma zahlt vier Euro für ein Handy. Für 200 Handys bekommt die Schule genug Geld für einen neuen Computer.

① ?

„Kinder helfen Kindern" – das ist eine Aktion des Fernsehsenders TV-Drei. Kinder und Jugendliche in Deutschland, Österreich und der Schweiz sammeln Spielzeug und schicken es an TV-Drei. Das Spielzeug ist für Familien mit wenig Geld.

③ ?

„Ich bin Dominik und ich sammle schon lange Comics. Comics sind einfach toll! Ich mag die Geschichten und die Bilder und ich zeichne auch ein bisschen. Ich habe alle Lucky-Luke- und Asterix-Hefte und dann noch viele MMMs (Micky Maus-Magazine) und die Simpsons. Ich habe schon viele Comics, fast vierhundert."

② ?

„Hallo! Ich heiße Lisa. Hier ist meine Sammlung: meine Freundschaftsbänder! Sind sie nicht süß? Ich mache sie alle selbst und habe schon sehr viele Freundschaftsbänder in schönen Farben. Ich bastle und sammle so gern! Alle meine Freunde und Freundinnen haben diese Bänder. Mein Motto: Freunde sind wie Sterne. Du kannst sie nicht immer sehen, aber sie sind immer da."

④ ?

b Lies die Texte noch einmal und ergänze die Tabelle.

	Wer sammelt?	Was?	Warum?
Text ①	?	?	?
Text ②	?		
Text ③			
Text ④			

3 Sammelt ihr an eurer Schule auch etwas? Kennt ihr noch andere Sammelaktionen?

Wir machen eine Wochenstatistik.

1 Zeichne deinen Wochenplan wie in Marius' Beispiel.

Name: _Marius_	Montag	Dienstag	Mittwoch
08:00 – 09:00	●	●	
09:00 – 10:00	●	●	
10:00 – 11:00	●	●	
11:00 – 12:00	●	●	
12:00 – 13:00	●	●	
13:00 – 14:00	●	●	
14:00 – 15:00	●		
15:00 – 16:00	●		
16:00 – 17:00	●		
17:00 – 18:00	●		
18:00 – 19:00	●		
19:00 – 20:00			
20:00 – 21:00			

● Schule
● Freunde
● Familie
● Hobbys/Sport
● Fernsehen
● Computer
● Hausaufgaben
● Nichtstun

2 Vergleiche den Wochenplan mit deiner Partnerin / deinem Partner. Frag und antworte.

1. Wie lange bist du in der Schule?
2. Wie viel Zeit hast du für Freunde?
3. Wie viel Zeit bist du mit deiner Familie zusammen?
4. Wie viel Zeit hast du für Hobbys?
5. Wie lange siehst du fern?
6. Wie lange spielst du am Computer?
7. Wie lange machst du Hausaufgaben?
8. Wie viel Zeit hast du fürs Nichtstun?

3a Fasst eure Ergebnisse in der Gruppe (drei Personen) zusammen und macht ein Plakat.

Gruppe 1	Stunden pro Woche Marius Leo Karla
Schule ●	32 + 32 + 34 = 98
Freunde ●	7 + 5 + 8 =
Familie ●	5 + 5 +
Hobbys ●	8 +
Fernsehen ●	
Computer ●	
Hausaufgaben ●	
Nichtstun ● ☺	

b Präsentiert euer Plakat.

▲ Wir haben pro Woche … Stunden Zeit für …
● Wir haben … Stunden pro Woche …

c Fasst die Ergebnisse in der Klasse zusammen.

	Gruppe 1	Gruppe 2	Gruppe 3
Schule	98	90	
Freunde	20	24	
Familie	17		

Grammatik

Verben

	sammeln	treffen	lesen	fahren	laufen
ich	sammle	treffe	lese	fahre	laufe
du	sammelst	triffst	liest	fährst	läufst
er/es/sie	sammelt	trifft	liest	fährt	läuft
wir	sammeln	treffen	lesen	fahren	laufen
ihr	sammelt	trefft	lest	fahrt	lauft
sie/Sie	sammeln	treffen	lesen	fahren	laufen
	auch so: basteln	*auch so:* geben	*auch so:* fernsehen		

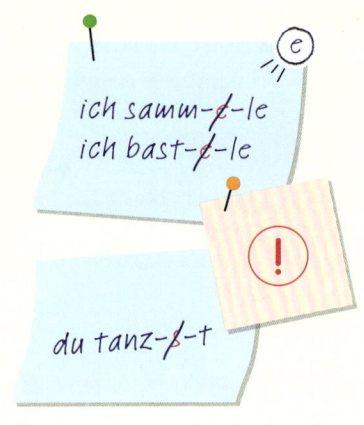

ich samm-~~e~~-le
ich bast-~~e~~-le

!

du tanz-~~e~~-t

Imperativ

Infinitiv	Imperativ in der du-Form	
machen	mach!	
finden	finde!	
treffen	triff!	*auch so:* geben, sprechen
essen	iss! !	
lesen	lies! !	
laufen	lauf! !	*auch so:* fahren, schlafen
sammeln	sammle! !	*auch so:* basteln
sein	sei! !	

~~du~~ mach-~~st~~
→ mach!

~~du~~ finde-~~st~~
→ finde!

mit|bringen
→ bring mit!

Präteritum

	sein	haben		sein	haben
ich	war !	hatte	wir	waren	hatten
du	warst	hattest	ihr	wart	hattet
er/es/sie	war !	hatte !	sie/Sie	waren	hatten

gestern
5. MAI
Er hatte Pech.
Das Training war nicht gut.

Er hat Glück.
Das Training ist super.
6. MAI
heute

Personalpronomen: Dativ und Akkusativ

Nominativ	ich	du	er	es	sie	wir	ihr	sie/Sie
Akkusativ	mich	dich	ihn	es	sie	uns	euch	sie/Sie
Dativ	mir	dir						

Hanna sieht Nico. | Nico sieht Hanna.
Sie sieht ihn. | Er sieht sie.

Präpositionen

in + Akkusativ
Ich gehe in den Supermarkt.
    ins Kino.
    in die Bibliothek.

zu + Dativ
Ich gehe zum Marienplatz.
    zum Training.
    zur Bus-Haltestelle.

in das = ins
zu dem = zum

in: Ort
zu: Weg, Ziel

mit + *Dativ*

Ich fahre mit dem Bus.
       mit dem Fahrrad.
       mit der U-Bahn.

in, an + *Dativ*

Ich wohne in der Goethestraße.
Paul wohnt am Marienplatz.

Syntax: Imperativsatz

Position 1			Ende
Schreib	eine E-Mail!		
Steh	jetzt	bitte	auf!

Syntax: Sätze mit Pronomen im Akkusativ und Dativ

Aussagesatz	Ich	kaufe	dir	ein Eis.
W-Frage	Wer	kennt	sie?	
	Wie	findest	du	ihn?
Ja/Nein-Frage	Gibst	du	mir	den Comic?

Konjunktion *deshalb*

	Position 1	Position 2		
Nico hatte einen Unfall,	deshalb	bleibt	er	zu Hause.

Ich kann ...

über meine Hobbys sprechen:
● Was sind deine Hobbys? Liest du gern?
◆ Ja, ich lese gern. / Nein, ich skype lieber.

jemanden auffordern:
▲ Zeigst du mir mal dein Handy?
● Ja, gern. / Ja, gleich. / Nein. Ich habe keine Zeit. ◆ Mach bitte schnell.

sagen, wohin jemand geht: Sie gehen in den Park. Er geht zur Bushaltestelle.

sagen, was mir wehtut: Au, mein Fuß tut so weh! / Ich habe Kopfschmerzen.

Mitgefühl zeigen: Oje! Oh wie blöd!

von Vergangenem erzählen: Gestern war ich beim Training. Es war super. Aber dann …

eine Begründung angeben:
◆ Wie war das Spiel? ● Gut! Ich hatte Glück. / Nicht so gut. Ich hatte Pech.

jemandem gute Besserung wünschen:
▲ Gute Besserung! ■ Danke!

sagen, wie es mir geht: ◆ Wie geht's?
◆ Gut, danke. / Nicht so gut. / Es geht. / Schlecht.

sagen, warum ich etwas tue / nicht tue:
Ich habe keine Zeit. Deshalb muss ich … / kann ich nicht …

meine Adresse und Telefonnummer nennen:
● Wo wohnst du? ◆ Ich wohne in der Spiegel-straße 27 / am Marienplatz. ● Gibst du mir deine Handynummer/Telefonnummer? ◆ Ja, meine Handynummer/Telefonnummer ist …

sagen, welche Verkehrsmittel ich nehme:
▲ Wie kommst du zur Schule? ● Mit dem Auto / mit der Straßenbahn / mit dem Bus / zu Fuß.

sagen, wie oft ich etwas mache: Ich gehe immer zu Fuß. / Ich fahre meistens mit dem Rad.

Komplimente machen:
Ich finde dich super! / Ich finde dich süß.

Wiederholung

Lektion 10

1 Was kann man sammeln? Notiert in Gruppen zu jedem Buchstaben ein Wort. Welche Gruppe findet die meisten Wörter?

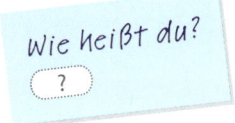

A   Anhänger für Sporttaschen
B   Bücher
C   (?)
(?)   (?)

2 Schaut die Bilder auf Seite 7 an. Schreibt zu zweit ein Interview mit Nico. Spielt es dann vor.

Wie heißt du?
(?)

Lektion 11

1 Zeig auf dem Bild auf einen Körperteil. Deine Partnerin / dein Partner spielt die Rolle des Sportlers. Dann wechselt ihr die Rollen.

Au, ich habe ...schmerzen.

Au, mein ... tut weh.

2 Macht Tauschdialoge.

▲ Gibst du mir deinen Kuli?
● O.k. Gib mir deinen Bleistift und ich gebe dir meinen Kuli.

Lektion 12

1 Ergänze Verkehrsmittel und Orte in der Stadt.

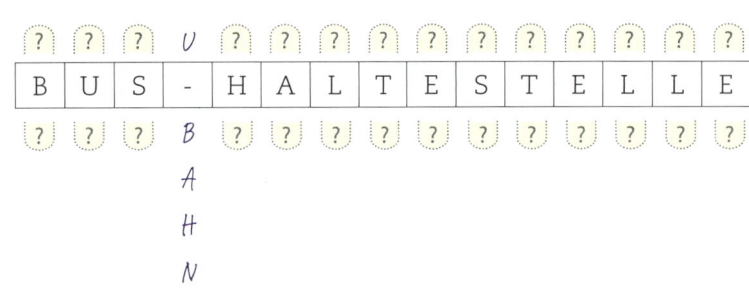

2 Baut Riesensätze. Jeder ergänzt eine neue Information.

● Nico geht zum Bahnhof.
♦ Nico geht *heute Nachmittag* zum Bahnhof.
■ Nico geht heute Nachmittag *zu Fuß* zum Bahnhof.
▲ Nico geht heute Nachmittag *um halb fünf* zu Fuß zum Bahnhof.

Kati

Sie heißt Katarina Landauer, aber alle nennen sie Kati.
Sie wohnt mit ihrer Mutter in Wien. Kati ist 12.

Ihr Hobby: Mode! Rock, Mütze, T-Shirt, Bluse, Hut …
viele Sachen macht sie selbst.
Ihr Stil: originell, sympathisch, lustig
Ihre Lieblingsfarben: blau und grün
Was sie noch mag: ihre Katze, ihre Mama, ihre
Cousine Laura, ihre Freundinnen und Freunde
in Wien und in München. Und Kati ist ein
Musik-Fan: Sie singt sehr gern.

1 Lies den Text oben.
Was weißt du nun über Kati?

2 Lies die drei Mode-Texte. Welche Wörter verstehst du?

Katis Sommerkollektion

Voll süß:
Rock mit
Blumen,
schwarz-weiß-rot.
Mädchen lieben ihn! Ein
Minirock für den Sommer
im Park oder im Schwimm-
bad. Modell „Flower".

Ⓐ

Total IN:
Tasche aus
Filz, weiß,
mit Tier-Motiv
(Pferd) in Blau. Was passt
in die Tasche? Bücher, Stifte,
Schokolade, ein Handy
und noch viel mehr!

Ⓑ

Megacool:
schwarzer
Hut mit
Monster in Pink. Das Monster
fährt Motorrad. Schick und cool
für jede Party. Der Hut passt
allen Jungs und gefällt auch
allen Mädchen.

Ⓒ

3 Welches Modell gefällt dir gut? Welches nicht? Was möchtest du selbst (nicht) tragen?

Lernziele

angeben, zu wem man geht und wohin man fährt ● Zeitangaben machen ● über Reisen mit dem Zug sprechen ●
sich in der Höflichkeitsform an einen Erwachsenen wenden ● sagen, was (nicht) gefällt ● ein Geschenk machen und
sich für ein Geschenk bedanken ● sagen, was es an einem Ort gibt ● sagen, wo etwas stattfindet ● über Vergangenes
sprechen ● sagen, dass man etwas nicht verstanden hat ● eine Person beschreiben ● über Fähigkeiten sprechen

Kati kommt nächsten Freitag.

Ⓐ

Stephansplatz Wien

Ⓑ

Marienplatz München

> Hallo, Kati! Bist du da, Cousine?
>
> Ja, hallo Laura! Wie geht's?
>
> Ganz okay. Und dir?
>
> Super! Ich habe schon Ferien! ☺☺☺

1a Schau die Bilder A und B an und lies den Chat. Was schreiben Laura und Kati noch? Was glaubst du? Antworte in deiner Sprache.

b Lies nun den Chat weiter und vergleiche.

> Echt?? Und wir haben noch eine Woche Schule! ☹
>
> Oh, wie blöd!
>
> Und? Wann kommst du nach München?
>
> Überraschung: n ä c h s t e n   F r e i t a g!
>
> Oh, das ist ja super!!
> Und dann bist du einen Monat hier?
>
> Ja, toll, nicht?

> Echt klasse! Ist Tante Eva dann allein?
>
> Nein, Mama fliegt nächste Woche in die Schweiz, nach Bern. Sie fährt zu ihrer Freundin Sabine.
>
> Du, ich muss leider Schluss machen. Ich gehe jetzt zu Nina. Sie hat heute Geburtstag und macht eine Party. 
>
> Okay, dann viel Spaß! Und bis bald. ☺

c Was ist richtig? Lies den Chat noch einmal und bilde Sätze.

	Wann?	Zu wem?	Wohin?
1. Kati fährt	nächste Woche	zu ihrer Freundin Sabine	nach München.
2. Laura geht	nächsten Freitag	zu ihrer Cousine Laura	in die Schweiz.
3. Katis Mutter fliegt	jetzt	zu Nina.	

→ AB, Ü 1

2 **Zu wem gehst du nächsten Samstag? Macht eine Kettenübung.**

- ● Ich gehe zu Sebastian.
  - ◆ Emma geht zu Sebastian und ich gehe zu meinem Opa.
    - ▼ Emma geht zu Sebastian, Max geht zu seinem Opa und ich gehe zu meinen Freunden.

→ AB, GRAMMATIK, Ü 2   Ü 3

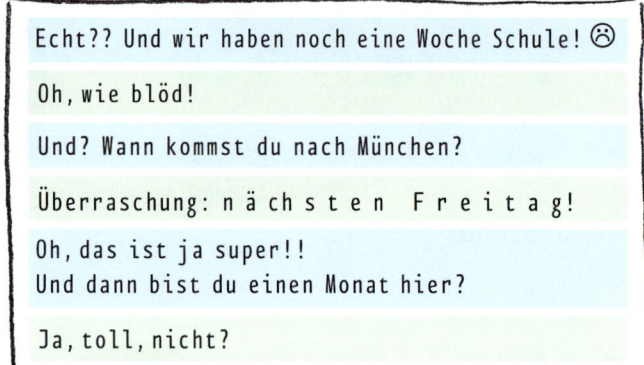

Präposition zu	
Zu wem?	zu + *Dativ (Person)*
zu	mein**em** Freund
zu	mein**er** Freundin
zu	mein**en** Freunden
zu	Nina

3 Schreibt und spielt „chatten" wie in 1b.

Hallo (?)! Bist du da?
Ja! Hallo!
Wie (?)?
Super! / Gut. / Ganz okay. Und (?)?
(?)! Ich fahre / fliege nächst- (?)
nach / in die (?).
Echt? Das ist ja toll / super / klasse!
Ja, (?), nicht?
Echt (?)!
Du, ich muss leider (?). Ich (?) ☺
Okay, dann (?)!
Danke! (?)!
Tschüss, (?)!

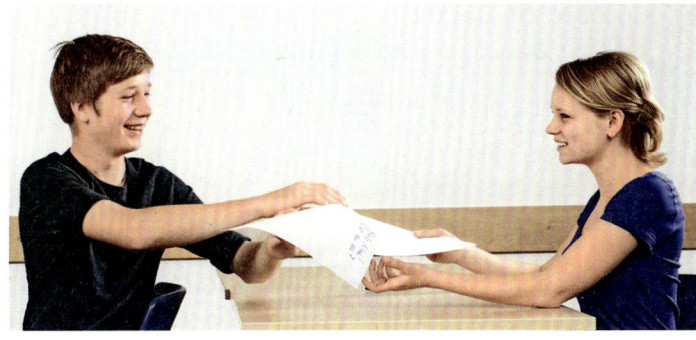

Adjektiv nächst-

nächst**en** Freitag/Monat
nächst**es** Jahr
nächst**e** Woche

Präposition nach +
Städte, Länder

Wohin?

nach Athen
nach Spanien
(!) in die Schweiz
in die Türkei
in die USA

→ AB, Ü 4   GRAMMATIK, Ü 5   Ü 6–7   GRAMMATIK, Ü 8   Ü 9 ▌

4a Hör den Anfang des Gesprächs. Was ist das Thema?

19

ⓐ Ninas Party   ⓑ Katis Reise nach München

b Hör jetzt den gesamten Dialog. Was ist richtig, ⓐ oder ⓑ?

20

1. Kati hat	ⓐ schon eine	ⓑ noch keine	Fahrkarte.
2. Kati fährt um	ⓐ 12:10 Uhr	ⓑ 10:12 Uhr	in Wien ab.
3. Der Zug kommt um	ⓐ 16:30 Uhr	ⓑ 16:35 Uhr	in München an.
4. Laura holt Kati	ⓐ allein	ⓑ mit ihrer Mutter	ab.
5. Kati muss	ⓐ einmal	ⓑ nicht	umsteigen.
6. Kati	ⓐ muss ihre Mutter	ⓑ möchte Laura	anrufen.

→ AB, Ü 10–11 ▌

5 Spiel mit deiner Partnerin / deinem Partner.
 (Arbeitsbuch: Ⓐ = Seite 78 und Ⓑ = Seite 81)

Du schreibst 16:30 Uhr.
Du sagst 16 Uhr 30.

6a

21-23 »))

Lies die Sätze.
Hör dann zu und ergänze.

1. Der Zug nach Ingolstadt
   fährt um (?) Uhr ab.
2. Der Intercity aus Berlin
   kommt heute nicht
   pünktlich um (?) Uhr an.
3. Der Zug aus Wien kommt
   auf Gleis (?) an.

→ AB, Ü 12–14

Hauptbahnhof München

b

21-23 »))

Hör noch einmal und vergleiche.

7a **Schau die Bilder an und lies den Anfang des Textes. Welches Bild passt zum Interview?**

STADTMAGAZIN MÜNCHEN

SERIE: STRASSENKÜNSTLER

In München finden wir sie im Sommer in der Fußgängerzone: die Straßen-
künstler. Sie machen Musik, zeichnen oder sind lebende Statuen. Wer sind
diese Künstler, woher kommen sie und wie leben sie?

HEUTE: CORNELIA ENGEL

STADTMAGAZIN:	*Frau Engel, woher kommen Sie?*
CORNELIA ENGEL:	Ich komme aus Leipzig, aber ich lebe schon fünf Jahre in München.
STADTMAGAZIN:	*Sie sind Straßenkünstlerin, was machen Sie genau?*
CORNELIA ENGEL:	Ich bin eine lebende Statue.

b **Lies zuerst die Fragen a–d. Lies dann das Interview weiter und ordne die Fragen zu.**

ⓐ *Ist das Ihr Beruf oder Ihr Hobby?*
ⓑ *Geben Ihre Fans viel Geld?*
ⓒ *Wie lange können Sie so stehen und wie machen Sie das?*
ⓓ *Wie heißt Ihre Statue? Und wie lange machen Sie das schon?*

STADTMAGAZIN:	1 ?
CORNELIA ENGEL:	Meine Statue? Das ist Prinzessin Sissi und ich mache das jetzt zwei Jahre.
STADTMAGAZIN:	*Sind Sie immer Prinzessin Sissi?*
CORNELIA ENGEL:	Ja, immer. Die Leute mögen mich so. Sie machen oft Fotos.
STADTMAGAZIN:	2 ?
CORNELIA ENGEL:	Das ist mein Hobby. Von 7 bis 15 Uhr arbeite ich in einer Bäckerei, dann habe ich frei und habe Zeit für mein Hobby.
STADTMAGAZIN:	3 ?
CORNELIA ENGEL:	Ich kann ungefähr eine Stunde so stehen und ich sehe einfach geradeaus. Am Anfang war es schwer, man muss viel üben. Jetzt ist es leicht.
STADTMAGAZIN:	4 ?
CORNELIA ENGEL:	Manchmal geben sie viel, manchmal wenig. Aber ich muss ja nicht davon leben. Es macht einfach Spaß!

c Lies das ganze Interview noch einmal. Ist das richtig (r) oder falsch (f)?

1. Cornelia Engel kommt nicht aus München, aber sie lebt jetzt dort. (X) (f)
2. Sie ist schon fünf Jahre Prinzessin Sissi. (r) (f)
3. Sie ist Straßenkünstlerin von Beruf. (r) (f)
4. Sie steht so von fünfzehn bis neunzehn Uhr. (r) (f)
5. Sie muss jetzt nicht mehr üben. (r) (f)
6. Die Fans geben nicht viel Geld, deshalb hat Cornelia Engel Probleme. (r) (f)

→ AB, Ü 15

8 Welche Statue möchtest du gern einmal sein?

> Ich möchte gern Superman sein.

9 Die Leute vergessen manchmal Sachen. Spielt Dialoge.

> Entschuldigung, ist das Ihre Tasche?

Possessivartikel

Sie

Ihr Rucksack?
Ihre Tasche?
Ihr Handy?
Ihre CDs?

Tasche × Rucksack × CDs × Gitarre × DVD × Bücher × Computer × Handy × Fahrrad × Zeitung × Ringe × Uhr

● Entschuldigung, ist das … / sind das …?
◆ Oh ja, vielen Dank!
   Nein, das ist/sind nicht mein/meine …

→ AB, GRAMMATIK, Ü 16   Ü 17

14 LEKTION

1a Schau das Bild an. Wo ist Kati jetzt? In Wien oder in München? Was glaubst du?

b Schau die Bilder an und lies die Wörter. Was ist in Katis Koffer? Was glaubst du?
Zeig dann auf das Bild in 1a und sprich mit deiner Partnerin / deinem Partner.

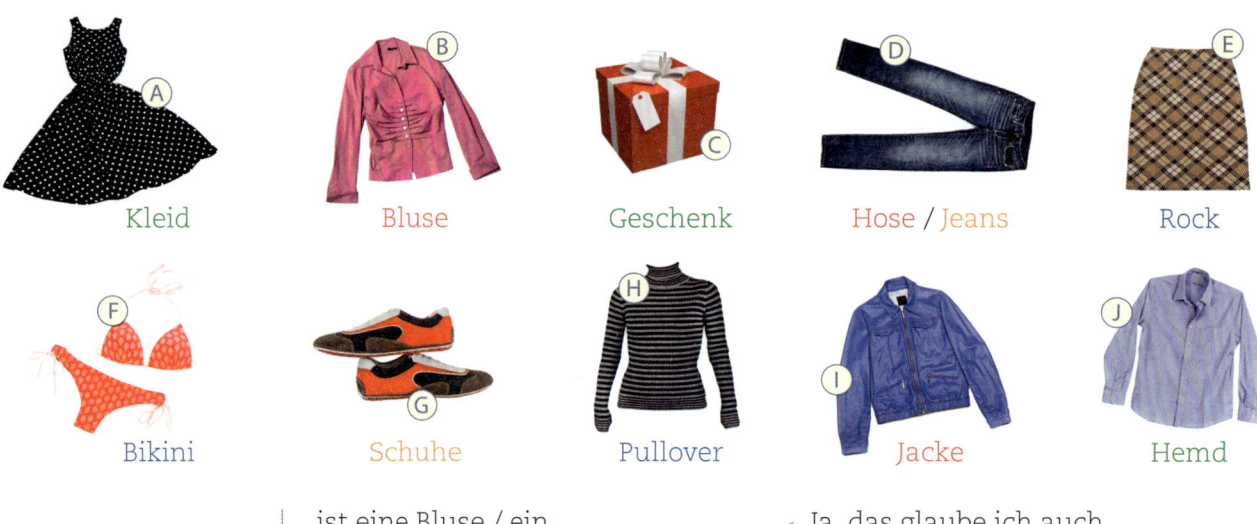

A Kleid

B Bluse

C Geschenk

D Hose / Jeans

E Rock

F Bikini

G Schuhe

H Pullover

I Jacke

J Hemd

▼ Ich glaube, das | ist eine Bluse / ein ...
sind Geschenke / ...

● ⟨ Ja, das glaube ich auch.
Nein, das ist/sind doch ...

→ AB, Ü 1

2a Schau die Bilder an und lies die Dialoge. Ordne dann zu.

A ?

B ?

C ?

D ?

①

Kati: Und wie findest du den Pullover?
Laura: Äh, na ja. Die Farbe finde ich nicht so besonders. Grün mag ich nicht so gern.
Kati: Meiner Mutter gefällt er auch nicht. Aber ich finde ihn toll.

③

Kati: Und? Gefällt es dir?
Laura: Wow, das T-Shirt ist ja echt toll! Vielen Dank!
Kati: Gefallen dir die Farben?
Laura: Ja, sehr!

②

Kati: Und schau mal, wie gefällt dir das Kleid hier?
Laura: Super! Es sieht echt toll aus! Blau ist meine Lieblingsfarbe.

④

Kati: Ein Geschenk für dich! Hier, bitte!
Laura: Boah, was ist das denn? Für mich? Echt? … Und das hier?
Kati: Das ist für deine Mama.

b Lies die Dialoge noch einmal. Ist das richtig ⓡ oder falsch ⓕ ?

1. Die Geschenke sind für Lauras Mutter.   ⓡ Ⓧ
2. Laura gefällt das T-Shirt. ☺   ⓡ ⓕ
3. Die T-Shirt-Farben gefallen Laura nicht. ☹   ⓡ ⓕ
4. Laura findet die Farbe Grün super. ☺   ⓡ ⓕ
5. Katis Mutter findet den Pullover nicht so toll. ☹   ⓡ ⓕ
6. Katis Kleid gefällt Laura. ☺   ⓡ ⓕ

3 Schau noch einmal die Bilder in **1b** und **2a** an. Macht dann Dialoge.

● Gefällt/gefallen dir | Katis Pullover?
Lauras T-Shirt?
die Schuhe?
…

▲ < ☺ Ja, der/das/die … | gefällt/gefallen mir.
sieht/sehen toll aus.
☹ Nein, der/das/die … | gefällt/gefallen mir nicht.
Nein, den/das/die … | finde ich nicht so toll.

> *Verb mit Dativ* gefallen
>
> **Gefällt dir** Katis Kleid?
> Nein, das Kleid **gefällt mir** nicht.
> **Gefallen dir** die Schuhe?

→ AB, GRAMMATIK, Ü 2   Ü 3–4   GRAMMATIK, Ü 5–6   Ü 7   SCHREIBTRAINING, Ü 8 |

4 Was ist für wen? Verteilt die Geschenke.

A   B   C   D   E   F

● Für wen ist der Kugelschreiber?
◆ Der Kugelschreiber ist für Emilia / für dich / für mich / für deinen Bruder /… .
● < ☺ O.k., das finde ich gut.
☹ Nein, der Kugelschreiber ist für …

> *Präposition* für
>
> Für wen? für + *Akkusativ*
>
> für deinen Vater / für deine Mutter
> für mich / für dich
> für Emilia

→ AB, GRAMMATIK, Ü 9   Ü 10 |

5a Schau die Bilder an und lies das Programm. Welches Bild passt nicht?

 (A)  (B)  (C)  (D)

München für junge Leute

FLOHMARKT AM OSTBAHNHOF
Spiele, CDs, DVDs für 1 Euro
Grafingerstraße, Samstag und Sonntag
9–14 Uhr
S-Bahn Ostbahnhof

KLASSIKER-KINO *TITANIC, DER HERR DER RINGE, ASTERIX UND KLEOPATRA*
Kino „Eldorado", Sonnenstraße
Freitag bis Sonntag, 15 Uhr und 17 Uhr
U-/S-Bahn Karlsplatz. Eintritt 5 Euro

FUNSPORT-KURSE IM ENGLISCHEN GARTEN
Gratis! Slackline-Kurs, Parcours
laufen und vieles mehr ...
Mo–So, 11 Uhr und 15 Uhr
⊠ Treffpunkt Kiosk „Milch-Haus",
immer um 10.45 Uhr und um 14.45 Uhr
U3/U6 Giselastraße

JUNIOREN-SPORTFEST AUF DEM MARIENPLATZ
Skaten, Klettern, Einrad fahren
Donnerstag bis Sonntag, 14 Uhr
U3/U6 Marienplatz

MÜNCHNER ARTISTEN-SCHULE ZEIGT AKROBATEN UND JONGLEURE
Pasinger Fabrik
Samstag und Sonntag, 16 Uhr
S-Bahn Pasing. Eintritt 3 Euro

REGGAE-KONZERT IM THEATRON
Open-Air-Konzert im Olympiapark
Freitag und Samstag ab 18 Uhr
U3 Olympiazentrum. Eintritt frei!

b Lies noch einmal. Ordne zu.

Es gibt ...

1. Funsport-Kurse.
2. ein Open-Air-Konzert.
3. eine Artisten-Schule.
4. ein Junioren-Sportfest.
5. einen Flohmarkt.
6. ein Klassiker-Kino.

Man kann dort ...

ⓐ viele Sachen kaufen.
ⓑ einen Asterix-Film anschauen.
ⓒ einen Slackline-Kurs machen.
ⓓ Jongleure sehen.
ⓔ Einrad fahren.
ⓕ Reggae hören.

> es gibt + *Akkusativ*
> Es gibt einen Flohmarkt.

> *Indefinitpronomen* man
> Man kann dort viele Sachen kaufen.

c Sprecht über das Programm.

▼ Es gibt ...
■ Man kann dort ...

→ AB, Ü 11   GRAMMATIK, Ü 12   Ü 13   GRAMMATIK, Ü 14   Ü 15

6 Wo ist das? Schau noch einmal das Programm in 5a an und ergänze die Sätze.

im „Englischen Garten" × in der „Pasinger Fabrik" × in der Sonnenstraße ×
im Olympiapark × im Kino „Eldorado" × am Ostbahnhof ×
auf dem Marienplatz × ~~auf dem Flohmarkt~~ × am Kiosk „Milch-Haus"

1. Spiele für einen Euro kann man
   (auf dem Flohmarkt) kaufen.
2. Der Flohmarkt ist (?).
3. Die Film-Klassiker kann man (?) sehen.
4. Das Kino „Eldorado" ist (?).
5. Die Funsport-Kurse sind (?).
6. Der Treffpunkt für die Kurse ist (?).
7. Das Junioren-Sportfest ist (?).
8. Die Artisten-Schule ist (?).
9. Das Open-Air-Konzert ist (?).

→ AB, Ü 16   GRAMMATIK, Ü 17   Ü 18 |

> *Präpositionen* in, an, auf
>
> Wo? in, an, auf + *Dativ*
>
> in ☐ im Park, im Kino, in der ...straße
>
> an ☐ am Kiosk, am Bahnhof
>
> auf ☐ auf dem ...platz, auf dem Flohmarkt

7 Spiel mit deiner Partnerin / deinem Partner.
(Arbeitsbuch: **A** = Seite 79, **B** = Seite 82)

8a Hör jetzt den Anfang des Gesprächs. Hat Laura schon einen genauen Plan für den Tag?

24))

b Hör das Gespräch weiter. Ist das richtig (r) oder falsch (f)?

25))

1. Kati und Laura finden Flohmärkte super.   (r) (f)
2. Kati möchte den Asterix-Film sehen.   (r) (f)
3. Das Open-Air-Konzert im Olympiapark kostet fünf Euro.   (r) (f)
4. Kati und Laura möchten zusammen klettern.   (r) (f)
5. Laura findet, Kati muss den Englischen Garten sehen.   (r) (f)
6. Laura ist mit Katis Vorschlag einverstanden. ☺   (r) (f)

c Hör jetzt das Ende.
Welche Reihenfolge ist richtig?
Ordne die Sätze.

26))

(?) Nein, keine Lust. ☹

(1) Vielleicht kommen deine Freunde
    ja mit. Rufst du sie an? ☺

(?) Uff, da bin ich aber froh! ☺

(?) Quatsch! Das war doch nur Spaß!
    ☺ Klar rufe ich sie an.

(?) Was? Warum denn nicht?

→ AB, Ü 19 |

15 LEKTION

Kati: Einen Hut! Er hat nur vier Euro gekostet. (?) (3)

Kati: Und dann waren wir im Englischen Garten. Dort waren Musiker, die haben Saxofon und Akkordeon gespielt und die Leute haben dazu getanzt. (?) (4)

Kati: Die Leute haben getanzt. (?) (5)

Kati: Im Olympiapark, auf einem Konzert. Es sind so viele Leute da! (?) (6)

Kati: Ach, Mama! Ich schicke dir morgen eine E-Mail, okay? Dann kann ich dir auch Fotos mitschicken. (?) (7)

Kati: Danke, tschau! (?) (8)

1a Hör zu. Wer ruft Kati an?

27 🔊

b Was sagt die andere Person? Ergänzt zu zweit. Hört dann noch einmal Kati und lest eure Antworten vor.

28 🔊

Kati: Hallo!
(?) (1)
Kati: Mir geht's gut. Und dir?
(?) (2)
Kati: Also zuerst waren wir mit Tante Julia und Onkel Martin auf dem Flohmarkt. Da habe ich mir einen Hut gekauft. Er war ganz billig.

c Hör nun das ganze Telefongespräch.

29 🔊

d Lies den Dialog in **1b** noch einmal und ergänze.

Auf dem Flohmarkt hat Kati (1) gekauft. Er war nicht teuer. Er hat nur (2) gekostet. Im Englischen Garten haben Musiker (3) und (4) gespielt und (5) haben getanzt. Jetzt ist Kati auf einem (6).

2a Haben Kati und ihre Freunde das auf dem Konzert gemacht? Was glaubst du?

	ja	nein
1. Sie haben Cola und Popcorn gekauft.	(?)	(?)
2. Sie haben Saxofon gespielt.	(?)	(?)
3. Sie haben Simon genervt und viel gelacht.	(?)	(?)
4. Sie haben super Musik gehört und getanzt.	(?)	(?)
5. Sie haben einen Liedtext gelernt.	(?)	(?)

b Vergleicht in der Gruppe.

◆ Ich glaube, sie (?). ▼ < ☺ Ja, das glaube ich auch.
☹ Nein, das glaube ich nicht.

➔ AB, Ü 1 GRAMMATIK, Ü 2 Ü 3 GRAMMATIK, Ü 4 Ü 5

> *Perfekt*
>
> kaufen → gekauft
> Sie haben Cola gekauft.
> spielen → gespielt
> Sie haben Saxofon gespielt.

3a Hör zu und lies mit.

- Ich habe *Pampampampam* gekauft.
- ▲ Wie bitte? Was hast du gekauft?
- Ich habe Schokolade gekauft.
- ▲ Ach so.

b Spielt auch *Pampam*-Dialoge.

gekauft × gelernt × gespielt

Wie bitte? Was hast du …?
Was hast du …? Noch einmal bitte!
Was hast du gesagt? Ich verstehe dich nicht.

→ AB, Ü 6

4a Schau die Bilder an und lies Katis E-Mail. Ordne zu.

Ⓐ ?   Ⓑ ?   Ⓒ ?

Absender: kati.land@gmx.at
An: monika.landauer@aon.at
Betreff: Grüße aus München!
Anhang: 032.jpg; 036.jpg; 042.jpg

Hallo Mama,
jetzt kann ich dir endlich die Fotos schicken. Schau mal!

① Das ist der Hut vom Flohmarkt. Ist er nicht süß? Er war echt billig, ich habe nur vier Euro
bezahlt. Eine Frau hat ihn verkauft. Sie hat gesagt, der Hut ist schon zwanzig Jahre alt.
5 Hihi! Ich finde ihn wirklich toll!

② Und das ist Nico, ein Freund von Laura. Ich habe ihn gestern kennengelernt. Nico spielt
Fußball. Er hat trainiert und hatte dann einen Unfall. Deshalb haben wir ihn zu Hause
besucht. Er hat ein super Modellschiff gebastelt und bei einem Wettbewerb mitgemacht.
Ich habe es natürlich sofort fotografiert.

③ 10 Habe ich schon von Anna erzählt? Sie ist Lauras Freundin und total nett! Auf dem Foto
siehst du sie mit Laura. Wir waren gestern zusammen im Kino. Es war ein super Vampir-Film!
Aber wir hatten schon ein bisschen Angst ...

Liebe Grüße
Kati

b Lies Katis E-Mail noch einmal. Beantworte dann die Fragen.

1. Wer hat den Hut verkauft?
2. Wie alt ist der Hut?
3. Wann hat Kati Nico kennengelernt?

4. Warum hat sie ihn besucht?
5. Wen hat Kati im Kino fotografiert?
6. Was haben die Mädchen im Kino angeschaut?

5 Wählt zu zweit ein Bild aus und schreibt einen Text dazu. Ihr könnt die Verben benutzen.

gekauft
verkauft
gekostet
bezahlt

aufgeräumt
eingekauft
geduscht
abgeholt

telefoniert
gesagt
gelacht
erzählt

→ AB, Ü 7–8   GRAMMATIK, Ü 9   Ü 10–12

Partizip Perfekt	
Infinitiv	*Partizip Perfekt*
	ge⬭⬭⬭t
sagen →	**ge**sagt
	⬭⬭⬭t
fotograf**ieren** →	fotografiert
besuchen →	besucht
verkaufen →	verkauft
erzählen →	erzählt
	⬭ge⬭⬭t
mit|machen	mit**ge**macht

6 Spiel mit deiner Partnerin / deinem Partner „Schiffe versenken". (Arbeitsbuch: Seite 85)

7a Hör zu und lies mit.
31 🔊 Kennen Laura und Kati den Jungen an der Gitarre schon?

Laura:	Die Band ist toll, oder?
Kati:	Ja, super! Und der Junge an der Gitarre ist so süß!
Laura:	Findest du? Ist er nicht ein bisschen klein?
Kati:	Das macht nichts. Ich bin ja auch klein. Und die Haare, so schön blond.
Laura:	Aber ein bisschen zu lang, oder?
Kati:	Nein, das finde ich schön. Was findest du cool?
Laura:	Hm. Groß, schlank und sportlich. Das finde ich gut.
Kati:	Und die Haare? Blond, braun, schwarz?
Laura:	Ach, das ist nicht so wichtig.
Kati:	Und seine Augen? Lieber blau oder braun?
Laura:	Blau, braun, grün, das ist mir gleich. Aber mein Traumjunge muss lustig sein und vielleicht kann er ja Schlagzeug spielen.
Kati:	… und klettern und Tennis spielen?
Laura:	Ja, toll!
Kati:	Na dann viel Glück, Cousine!

Und der Junge an der Gitarre ist so süß!

b **Ergänze die Sätze. Aber Vorsicht! Ein Wort passt nicht.**

klein ✕ groß ✕ blond ✕ lang ✕ schlank ✕ dick ✕ sportlich

Der Junge an der Gitarre ist ⟮ 1 ⟯. Seine Haare sind ⟮ 2 ⟯ und ⟮ 3 ⟯.
Lauras Traumjunge ist ⟮ 4 ⟯, ⟮ 5 ⟯ und ⟮ 6 ⟯.

c **Hör zu und lies den Text noch einmal.**
31 🔊 **Ist das richtig ⓡ oder falsch ⓕ ?**

1. Lauras Traumjunge ist blond. ⓡ ⓕ
2. Seine Augen sind braun. ⓡ ⓕ
3. Lauras Traumjunge kann Musik machen. ⓡ ⓕ
4. Lauras Traumjunge kann klettern. ⓡ ⓕ

d **Was meint Kati zu Lauras Traumjungen? Antworte in deiner Sprache.**

→ AB, Ü 13 ▮

8 **Was kannst du? Spielt Dialoge.**

reiten Ⓐ
kochen Ⓑ
Jo-Jo spielen Ⓒ
deinem Freund in Mathe helfen Ⓓ

Klavier spielen Ⓔ
Chinesisch schreiben Ⓕ
20 Kilometer wandern Ⓖ
Breakdance tanzen Ⓗ

● Kannst du ⟮ ? ⟯ ?
◆ ☺ Na klar. Das ist doch leicht.
   😐 Na ja. Ein bisschen. / Nicht so gut.
   ☹ Nein. Das ist so schwer.

→ AB, Ü 14–16 ▮

9 **Wie ist dein Traumjunge / dein Traummädchen? Schreib einen Text.**

groß • klein • dick • schlank • sportlich • schön • hübsch • süß

blond • rot • braun • schwarz • kurz • lang

Er/Sie ist ⟮ ? ⟯ Jahre alt.
Er/Sie ist ⟮ ? ⟯ und ⟮ ? ⟯.
Seine/Ihre Haare sind ⟮ ? ⟯.
Seine/Ihre Augen sind ⟮ ? ⟯.
Er/Sie kann ⟮ ? ⟯.

nett • freundlich • lustig • interessant • nicht langweilig • intelligent • nicht dumm

blau • grün • grau • braun • schwarz

→ AB, Ü 17 SCHREIBTRAINING, Ü 18 ▮

Das ist BERLIN!

1 Was wisst ihr von Berlin? Schaut auch die Bilder von Berlin in **2** an. Sammelt Informationen in der Gruppe.

2 Lest nun die Texte und vergleicht mit euren Antworten in **1**. Was habt ihr erkannt?

①

Berlin könnt ihr auch auf einer Schifffahrt auf der Spree entdecken! Ihr fahrt auf dem Schiff „Alexander" und Kapitän Müller erzählt über die Stadt. Das könnt ihr sehen: den Reichstag, den Berliner Dom, die Museumsinsel, die vielen Brücken, …

②

Das ist der Berliner Reichstag am Platz der Republik 1. Hier arbeitet das Parlament von Deutschland. Für euch interessant ist sicherlich die Glaskuppel: Man kann in die Kuppel steigen und in den Himmel schauen.

③

Das ist der Hauptstadt-Strand an der Spree und das kannst du hier machen: essen, trinken, in der Sonne liegen, Musik hören, tanzen oder Freunde treffen. Was möchtest du: Currywurst mit Pommes oder lieber eine Limo?

④

Das Brandenburger Tor ist auf der ganzen Welt bekannt. Schaut mal nach oben: Was steht auf dem Tor? Die *Quadriga*: ein Wagen, vier Pferde und die Göttin Viktoria. Das Tor ist ein Symbol für Freiheit und Toleranz. Hier gibt es immer viele Straßenkünstler und Touristen aus der ganzen Welt.

⑤

Geschichte und Shopping – das ist die Friedrichstraße. Hier kannst du auf 3,3 Kilometern einkaufen. Und: Hier war früher die Grenze zwischen West- und Ost-Berlin.

⑥

Mitten in der Stadt gibt es einen großen Park, den Tiergarten. Dort kann man Rad fahren, Picknick machen, grillen, Fußball oder Volleyball spielen. Es gibt dort auch Spielplätze und viele Cafés.

3 Lies die Texte in **2** noch einmal und löse das Berlin-Quiz.

1. Wie heißt der Fluss in Berlin?
2. Wo kann man gut einkaufen?
3. Was ist der Tiergarten?
4. Wie viele Tiere sind auf dem Brandenburger Tor?
5. Wo gibt es einen Strand?
6. Wo arbeitet das deutsche Parlament? Und was kann man dort machen?

4 Ihr fahrt mit eurer Klasse nach Berlin. Was möchtet ihr machen? Wählt drei Orte und Aktivitäten in **2** aus.

Das ist unsere Stadt. Herzlich willkommen!

1 Eure Klasse bekommt Besuch von einer Klasse aus Deutschland. Welche Orte in eurer Stadt sind interessant für die Besucher? Was kann man dort machen? Sammelt Ideen und macht Notizen.

> das Kino: Filme anschauen, (?)
> der Park: (?)
> der Stadtplatz: (?)
> (?) : (?)

2 Plant einen Spaziergang durch eure Stadt für eure Gäste.

> Wir gehen zuerst zum Kino!

> Ja, und dann gehen wir auf den Stadtplatz.

3 Macht nun ein Plakat mit Bildern und Texten.

Willkommen in Villabonita

Auf dem Stadtplatz kann man spazieren gehen und Freunde treffen.

...im Kino können wir einen Film sehen, vielleicht einen Vampirfilm.

Das Stadtmuseum ist sehr alt und echt interessant.

MVSEO

...im Park kannst du Gitarre spielen, skaten, Fußball spielen, reden, lachen.

4a Präsentiert euren Spaziergang in der Klasse.

- ● Das ist unser Spaziergang durch ...
- ◆ Das ist der ...platz. Hier gibt es ...
- ■ Im ...park könnt ihr ...

b Welcher Spaziergang gefällt euch am besten?

Grammatik

Gestern war ich auf dem Flohmarkt. Dort **habe** ich einen Hut **gekauft**. Er **hat** nur vier Euro **gekostet**.

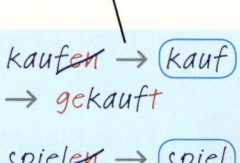

kaufen → kauf
→ gekauft

spielen → spiel
→ gespielt

kosten
→ gekostet ❗

● Verben: Perfekt

	Hilfsverb haben +			**Partizip Perfekt**
Kati	hat		einen Hut	gekauft.
Die Musiker	haben		Saxofon	gespielt.

● Partizip Perfekt mit -t

	Infinitiv	Partizip Perfekt	
regelmäßige Verben	spielen	gespielt	ge [____] t
Verben mit er-, be-, ver-	erzählen	erzählt	
	besuchen	besucht	[____] t
	verkaufen	verkauft	
Verben auf -ieren	telefonieren	telefoniert	[____] t
✂	ein|kaufen	eingekauft	[____] ge [____] t
trennbare Verben	kennen|lernen	kennengelernt	

erzählen
→ erzählt

telefonieren
→ telefoniert

✂ auf\|räumen
→ aufgeräumt

● Verben: *gefallen* + Dativ

Das T-Shirt gefällt	meinem	meiner	meinen	mir.	dir.
Die Schuhe gefallen	Bruder.	Mutter.	Eltern.		

● Indefinitpronomen *man*

er/es/sie/man	kann/spricht

man ≠ der Mann ❗

Auf dem Flohmarkt kann man viele Sachen kaufen.

● *es gibt* + Akkusativ

Es gibt	einen Flohmarkt.

● Possessivartikel im Nominativ zu *Sie*

Nominativ		auch so:
Ist das Ihr Zug?	Ist das Ihre Zeitung?	mein, dein,
Ist das Ihr Buch?	Sind das Ihre Fahrkarten?	sein, ihr

MODUL ANNA

Sie → Ihr
Sie, Ihr: immer groß!

Ja, das ist meine Zeitung.

Frau Kunze, ist das Ihre Zeitung?

● Adjektiv *nächst-*

Ich komme	nächsten Montag./Januar.	nächstes Jahr./Wochenende.	nächste Woche.

Wann kommst du? — Nächsten Samstag.

● Präpositionen: nach + *Städte/Länder*
nach Berlin, nach Deutschland

Wohin fährst du?

in die Schweiz
in die Türkei
in die USA ❗

für + Akkusativ	zu + Dativ	in/an/auf + Dativ
Das Geschenk ist …	Ich gehe …	Kati ist …
für deinen Bruder.	zu meinem Freund.	im Park. / am Kiosk. auf dem Flohmarkt.
für deine Schwester.	zu meiner Freundin.	im Kino. am Schwimmbad.
für deine Freunde.	zu meinen Freunden.	in der Schule. an der Bus-Haltestelle.
für dich.	zu Simon.	
für Laura.		

Für wen ist das Geschenk? — Für dich.

in dem = im
an dem = am

○ **Syntax: Perfekt**

	Position 1	Position 2			Ende
W-Frage	Was	hat	Kati	auf dem Flohmarkt	gekauft?
Aussagesatz	Sie	hat	einen Hut		gekauft.
Ja/Nein-Frage	Hat	sie	auch	Ohrringe	gekauft?

○ **Syntax: Subjekt und Verb im Aussagesatz**

Das T-Shirt	gefällt	mir.
Mir	gefällt	das T-Shirt.

Ich kann …

sagen, wen ich besuche:
Ich gehe zu Max. Maria geht zu ihrer Oma.

über die Zeit sprechen und Zeitangaben machen:
Kati kommt nächsten Freitag. / Der Zug kommt um 16.30 Uhr an.

über Reisen mit dem Zug sprechen:
Ich habe noch keine Fahrkarte. Der Zug fährt um 12.00 Uhr in Wien ab und kommt um 16.35 Uhr auf Gleis 3 an. Ich muss nicht umsteigen.

mich in der Höflichkeitsform an einen Erwachsenen wenden: Frau Engel, wie heißt Ihre Statue? Und wie lange machen Sie das schon?

sagen, was mir (nicht) gefällt:
Das T-Shirt gefällt mir (nicht).

jemandem ein Geschenk geben und mich für ein Geschenk bedanken:
◆ Hier, ein Geschenk für dich.
● Echt? Für mich? Vielen Dank.

über die Möglichkeiten sprechen, die ein Ort bietet:
Dort kann man einen Slackline-Kurs machen. / Dort gibt es einen Flohmarkt.

sagen, wo etwas stattfindet:
Im Theatron kann man Reggae hören.

über Vergangenes sprechen: Ich habe einen Hut gekauft. Er hat nur vier Euro gekostet.

sagen, dass ich nicht verstanden/gehört habe:
Wie bitte? / Noch einmal bitte! / Was hast du gesagt? Ich verstehe dich nicht.

über das Alter sprechen:
◆ Wie alt ist …? ◆ … ist 20 Jahre alt.

eine Person beschreiben:
Sie/Er ist groß/klein, sportlich, … Ihre/Seine Augen sind blau/braun/… und ihre/seine Haare sind blond/braun/…

über Fähigkeiten sprechen:
● Kannst du reiten? ▲ Na klar. Das ist leicht. / Naja. Ein bisschen. / Nein. Das ist so schwer.

Erleichterung ausdrücken: Da bin ich aber froh!

Wiederholung

Lektion 13

1 Ergänze den Wortigel mit Wörtern zum Thema *Reise*.

Fahrkarte · Reise · abfahren · ? · ? · ? · ?

2 Wohin fährst du? Spielt das Reisespiel.

- ● Wohin fährst du?
- ■ Nach Berlin.

- ● Und zu wem?
- ■ Zu meinem Bruder.

◆ USA   ◆ Oma
◆ Rom   ◆ Freund
◆ Türkei   ◆ Eltern
◆ Spanien   ◆ Bruder
◆ Berlin   ◆ Freundin
◆ Schweiz   ◆ Tina + Tom

Lektion 14

1 Zeig auf ein Bild und frag.
Deine Partnerin / dein Partner antwortet.

- ● Wie gefällt dir der Pullover?
- ◆ Super! / Äh, na ja …

2 Wo bin ich? Stellt Fragen und antwortet.

Bin ich in der Stadt?

Kiosk

Stadtpark   Kino   Schwimmbad

- ▲ Bin ich in der Stadt?
- ● Ja.
- ▲ Bin ich auf einem Platz?
- ● Ja.
- ▲ Kann man da Fußball spielen?
- ● Nein.
- ▲ Gibt es da viele Leute?
- ● Ja.
- ▲ …

Lektion 15

1 Wählt sechs Wörter aus und erzählt zu zweit eine Geschichte mit den Wörtern.

- ● Gestern haben wir …
- ◆ Plötzlich …

kaufen • telefonieren • Freunde • kennenlernen • besuchen • Musiker • tanzen • Schokolade • Konzert • spielen • Flohmarkt • Bahnhof • Hut • fotografieren • lachen

2 Jede Gruppe sucht sich eine Person aus der Klasse aus. Beschreibt die Person. Macht zuerst Notizen. Die anderen raten, wer die Person ist.

Sie/Er ist ? .
Ihre/Seine Haare sind ? .
Sie/Er kann gut ? .

Lukas

„Das ist mein Freund Lukas Kraus. Wir kennen uns schon zwei Jahre. Wir haben uns in einem Feriencamp am Ammersee kennengelernt. Bis heute schreiben wir uns E-Mails oder SMS. Lukas ist sehr nett. Sein Motto heißt: „Lachen, nicht traurig sein." Er hat eine Schwester. Sie heißt Lea und ist 14. Lukas ist 12. Er ist nicht sehr sportlich, aber er schwimmt gern. Pizza ist sein Lieblingsessen. Er spielt gern mit seinem Hund oder sitzt am Computer. Lukas und seine Schwester wohnen mit ihren Eltern in einem Haus in Pasing bei München. Lukas' Oma wohnt auch da, aber sie macht viele Reisen und ist nicht oft in Pasing. Lukas kann viele Sachen: Er kann Fahrräder, Sessel und Lampen reparieren. Das macht er wirklich toll! Ich mag Lukas. Wir sind Freunde. Brieffreunde."

Paul, aus
Würzburg,
13 Jahre

1a Schau das Foto von Lukas an. Was ist richtig? Was glaubst du?

1. Lukas hat ⟨?⟩ ein Pferd.  ⟨?⟩ einen Hund.
2. Lukas ⟨?⟩ schwimmt gern. ⟨?⟩ spielt gern Fußball.
3. Lukas repariert ⟨?⟩ Autos. ⟨?⟩ Fahrräder.

b Lies den Text oben und überprüfe deine Antworten in 1a.

2 Welche Dinge passen zu Lukas? Warum? Antworte in deiner Sprache.

 (A)  (B)  (C)  (D)  (E)  (F)

über die Wohnung / das Haus sprechen ● über die Zeit sprechen und Zeitangaben machen ● jemanden auffordern ● über Häufigkeit und Dauer sprechen ● über die Ferien sprechen ● von Vergangenem erzählen ● Wünsche ausdrücken ● über die Schule sprechen ● über Gefühle sprechen ● etwas bewerten ● jemanden einladen ● gute Wünsche aussprechen und darauf reagieren

Lernziele

LEKTION

> Die Schule ist schon aus. Wir hatten heute nur vier Stunden …

1a **Schau das Bild an und lies. Beantworte dann die Fragen. Was glaubst du?**

- Wen ruft Simon an?
- Wohin gehen Simon und Lukas?

> … Du weißt ja, er ist neu in meiner Klasse. …

b **Hör zu und vergleiche mit deinen Vermutungen in 1a.**

32

c **Schau die Bilder an. Hör dann noch einmal. Wie ist die Reihenfolge?**

32

 Ⓐ ?    Ⓑ ?    Ⓒ ?    Ⓓ ?   Ⓔ 1

d **Was ist richtig, ⓐ oder ⓑ?**

1. Simon und Lukas machen die Hausaufgaben

ⓐ vor dem Essen.

ⓑ nach dem Essen.

2. Simon übt … Gitarre.

ⓐ vor dem Fußballspiel

ⓑ nach dem Fußballspiel

→ AB, Ü 1

2a **Was machst du wann? Mach Notizen.**

duschen • fernsehen • Vokabeln lernen • aufräumen • Freunde anrufen • lesen • E-Mails schreiben • frühstücken • …

Sport • Schule • Abendessen • Frühstück • Mittagessen • Training • Hausaufgaben • …

duschen: vor dem Frühstück

b **Frag deine Partnerin / deinen Partner. Wer findet drei Gemeinsamkeiten?**

- Duschst du auch vor dem Frühstück?
- ⟨ Ja.
  ⟨ Nein, nach …

→ AB, GRAMMATIK, Ü 2   Ü 3

Präpositionen vor, nach	
Wann?	vor, nach + *Dativ*
vor nach	dem Sport dem Essen der Schule den Hausaufgaben

3 **Lies die Uhrzeiten. Hör dann die Dialoge. Welche Uhrzeiten hörst du?**

33

Ⓐ fünf nach neun   Ⓑ Viertel nach eins   Ⓒ Viertel vor sechs   Ⓓ zwanzig nach fünf   Ⓔ fünf vor neun   Ⓕ zehn vor eins

→ AB, Ü 4–5

4 Spiel mit deiner Partnerin / deinem Partner.
(Arbeitsbuch: **A** = Seite 80 und **B** = Seite 83)

5a Was passt zusammen?
Lies und ordne die Bilder zu.

Hier ist mein Zimmer. Es ist immer ein bisschen chaotisch, aber mir gefällt es. (?)

Und da ist Leas Zimmer. Meine Schwester ist sehr ordentlich und räumt immer auf. (?)

Und hier ist die Küche. Hey, Hektor, wo bist du denn wieder? (?)

Ⓐ   Ⓑ   Ⓒ

b Was glaubst du? Wer ist Hektor? Antworte in deiner Sprache.

6 Wie heißen die Zimmer und Orte? Schau den Plan an und ergänze.
Hör dann zu und kontrolliere.

34 🔊

Küche ✕ Schlafzimmer ✕ Garten ✕ Wohnzimmer ✕ Garage

1. Flur
2. (?)
3. Kinderzimmer
4. (?)
5. Terrasse
6. (?)
7. (?)
8. Toilette
9. Bad
10. (?)

→ AB, Ü 6–7

7 Wie ist deine Wohnung / dein Haus?
Schreib.

Wir haben (?) Zimmer: ein Wohnzimmer und (?). Wir haben auch (?). Aber wir haben keinen/kein/keine (?). Mein Zimmer ist (?). Ich finde die Wohnung / das Haus …

8 Schau Lukas' Fahrrad an. Wie findest du es?

9a Lies die Sätze und hör dann zu.
Ist das richtig ⓡ oder falsch ⓕ ?

35 🔊

1. Lukas hat Hunger.  ⓡ ⓕ
2. Lukas zeigt Simon das Fahrrad nach dem Essen. ⓡ ⓕ
3. Simon gefällt Lukas' Fahrrad nicht. ⓡ ⓕ
4. Lukas hat die Lampe repariert. ⓡ ⓕ
5. Lea findet Hektor. ⓡ ⓕ
6. Simon hat ein bisschen Angst. ⓡ ⓕ
7. Simon muss die Tür aufmachen. ⓡ ⓕ

b Was ist richtig, ⓐ, ⓑ oder ⓒ?

1. Wo ist Lukas' Fahrrad?

ⓐ im Garten   ⓑ im Zimmer   ⓒ in der Küche

2. Wohin bringen Lukas und Simon das Fahrrad?

ⓐ in den Garten   ⓑ ins Wohnzimmer   ⓒ in die Garage

c Schau die Bilder an und hör das Ende.
Was passt?

36 🔊

   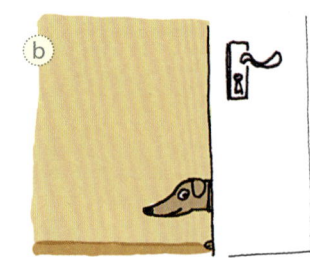

10 Lukas muss aufräumen. Spielt Dialoge.

1. ● Wo ist denn dein Fahrrad?
   ◆ In der Küche.
   ● Bring es bitte in die Garage!
   ◆ Ja, gleich.

1. Fahrrad: Küche → Garage
2. Surfbrett: Schlafzimmer → Garten
3. Rucksack: Garten → Zimmer
4. Glas: Wohnzimmer → Küche
5. Mantel: Garage → Flur

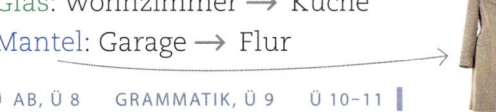

→ AB, Ü 8   GRAMMATIK, Ü 9   Ü 10–11

Präposition in	
🧍 Wo? in + *Dativ*	⤵️ Wohin? in + *Akkusativ*
im Garten	in den Garten
im Zimmer	ins Zimmer
in der Küche	in die Küche

11a **Schau den Text an. Was ist das?**

(a) ein Chat   (b) ein Test   (c) eine E-Mail

TIERFREUNDE

Hast du ein Haustier? Dann möchtest du vielleicht wissen: Wie geht es deinem Tier? Gut? Sehr gut? Nicht so gut? Hat dein Haustier Glück mit dir? Hat es Pech? **Beantworte den Test: Dann weißt du es!**

Dein Haustier ist   ◉ ein Hund   ○ ein Pferd   ○ eine Katze

Frage 1:   Wie oft bekommt dein Hund Futter?
○ zweimal pro Tag   ◉ einmal pro Tag   ○ fünfmal pro Tag

Frage 2:   Gibst du deinem Hund auch Schokolade?
○ Ja, manchmal.   ◉ Nein, nie.   ○ Ja, jedes Wochenende.

Frage 3:   Wie oft gehst du mit deinem Hund spazieren?
◉ jeden Tag   ○ zweimal pro Woche   ○ nie

Frage 4:   Wie lange gehst du mit deinem Hund spazieren?
○ zehn Minuten   ◉ zwanzig Minuten   ○ eine Stunde

Frage 5:   Wie oft gehst du mit deinem Hund zur Hundeschule?
◉ einmal pro Woche   ○ einmal pro Jahr   ○ nie

Frage 6:   Dein Hund macht deine Lieblingsschuhe kaputt. Wie reagierst du?
○ Ich bin sauer. ☹   ○ Das ist mir egal. 😐   ◉ Ich lache. ☺

DEIN RESULTAT:
Dein Hund hat
Glück mit dir!
☺ ☺ ☺

b **Lukas hat den Test gemacht. Lies und ergänze.**

Lukas füttert seinen Hund (1) pro Tag, aber Hektor bekommt (2) Schokolade. Lukas geht (3) mit Hektor spazieren, sie laufen dann (4). (5) pro Woche geht Lukas mit Hektor zur Hundeschule. Hektor macht Lukas' Lieblingsschuhe kaputt und was macht Lukas? Er (6).

(→) AB, Ü 12–13

12 **Wer hat ein Haustier? Schreibt Fragen auf und macht Interviews.**

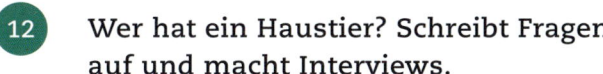

Wie oft fütterst du deinen/dein/deine …?
Wie oft gehst du …?
Wie lange spielst du …?

(→) AB, GRAMMATIK, Ü 14   Ü 15–18

Wie oft?
jeden Tag • jedes Wochenende • jede Woche •
einmal pro Tag • zweimal pro Woche •
immer • meistens • oft • manchmal • nie

Wie lange?
zehn Minuten • eine Stunde

Schöne Ferien!

www.feriencamp.de

Das ist ja total interessant!

1a Schau die Bilder an. Wie findest du die Feriencamps?
In welches Feriencamp möchtest du gern fahren?

b In welches Feriencamp möchte Lukas gern fahren? Was glaubst du?

→ AB, Ü 1–2

2a Lies die Texte. Zu welchen Feriencamps passen die Bilder in 1a?

Wie war dein Feriencamp? Hat es dir gefallen?

1 Wir machen Radio – Feriencamp auf dem Waldberg

Wir haben sehr viel gelernt, das war total interessant. Meine Gruppe hat selbst Texte für ein Programm geschrieben und einen Sketch gespielt, ein Mädchen hat gesungen, ein Junge hat Gitarre gespielt. Ich und zwei andere Jugendliche haben den Text gesprochen. Das hat so viel Spaß gemacht! Nächstes Jahr möchte ich gern wieder auf den Waldberg. **Helene, 12**

2 Sprachcamp in England für Jugendliche von 11 bis 16

Die Reise nach England hat echt Spaß gemacht! Die Klasse war klein und das Programm sehr lustig. Ich habe schnell Freunde gefunden. Wir sind nach dem Unterricht oft an den Strand gegangen. Es war so warm, wir haben viel Eistee getrunken und „Fish and Chips" gegessen. Und wir haben alle nur Englisch gesprochen. Das war toll! **Henrik, 13**

3 Feriencamp auf Burg Hohenstein

Das war furchtbar! Wir sind nur gewandert. Einmal habe ich meine Jacke vergessen und es war sehr kalt. Dann war ich auch noch krank! Das war ziemlich blöd. ☹ **Ines, 11**

4 Feriencamp am Bodensee

Ganz toll! Es war warm, wir sind im See geschwommen und haben Picknick gemacht. Abends haben wir Pizza oder Nudeln gegessen. Manchmal haben wir auch Fische geangelt und dann gegrillt. Das war super! **Adrian, 12**

5 Geocaching: Detektive mit GPS

Das Geocaching war total interessant. Eine Gruppe hat etwas (einen Cache) im Wald versteckt. Die andere Gruppe hat dann den Cache mit einem GPS-Gerät gesucht. Wir sind viel gelaufen. Einmal waren wir in einem Dorf und haben eine Stunde auf den Bus gewartet. Aber der Bus ist nicht gekommen. Also sind wir zu Fuß zurückgegangen. Zwei Stunden! ☹ **Sina, 13**

b Lies die Texte noch einmal. Wie finden die Jugendlichen ihre Feriencamps?
Gut ☺ oder schlecht ☹?

	Helene	Henrik	Ines	Adrian	Sina
☺ →	(X)	(?)	(?)	(?)	(?)
☹ →	(?)	(?)	(?)	(?)	(?)

c Lies noch einmal und ordne die Namen zu.

(Helene) hat den Text gesprochen.

(2) ist nur gewandert.

(3) ist nach England gefahren.

Helene (4) ist im See geschwommen.

Henrik (5) hat die Jacke vergessen und war dann krank.

Ines (6) hat Pizza, Nudeln oder Fisch gegessen.

Adrian (7) hat Texte für ein Radioprogramm geschrieben.

Sina (8) ist zu Fuß zurückgegangen.

(9) hat viel Eistee getrunken und „Fish and Chips" gegessen.

(10) hat eine Stunde gewartet.

→ AB, GRAMMATIK, Ü 3   Ü 4

> 🚶 *Perfekt mit haben*
> Sie hat Pizza gegessen.
> 🚶→☐ *Perfekt mit sein*
> Sie ist nur gewandert.

3a Im Text sind vier Fehler. Korrigiere sie und schreib den Text in dein Heft.

> Henrik war im Sprachcamp für Männer. Dort hat er keine Freunde gefunden. Es war sehr kalt. Deshalb hat er viel Eistee gegessen.

b Wähle einen Jugendlichen in 2a aus und schreib einen Text mit Fehlern.
Deine Partnerin / Dein Partner korrigiert.

→ AB, GRAMMATIK, Ü 5   Ü 6–9

Partizip Perfekt: unregelmäßige Verben		
Infinitiv		Partizip Perfekt
		ge ( ) en
fahren	→	gefahren
singen	→	gesungen
		( ) en
vergessen	→	vergessen
✂		( ) ge ( ) en
zurück|gehen	→	zurückgegangen

4 Macht lange Perfekt-Sätze und spielt in Gruppen „Stille Post".

Mein Onkel Albert hat gestern Abend Kartoffeln gegessen.

5 **Wo war Lukas letztes Jahr in den Ferien? Was glaubst du? Warum?**

in einem Feriencamp

an einem See

in einem Wald

an einem Fluss

in einer Stadt

auf einer Insel

am Meer / am Strand

zu Hause

● Ich glaube, Lukas war … / Er … gern.

6 **Wo warst du letztes Jahr in den Ferien?**

> *am Bodensee • im Schwarzwald •*
> *am Amazonas • in Bangkok •*
> *auf Mallorca • zu Hause • am … • in …*

→ AB, GRAMMATIK, Ü 10 Ü 11 |

7 **Jetzt bist du ein Angeber.**

> Ich war in Monte Carlo und habe Johnny Depp getroffen. Wir haben zusammen einen Film gemacht.

> Das ist gar nichts! Ich war auf Elba. Da habe ich Napoleon getroffen und …

8a **Schreibt in Gruppen Ferienaktivitäten auf Zettel.**

b **Spielt „Traumreise". Jeder Spieler zieht einen Zettel und spricht über seine „Traumreise".**

● Wohin möchtest du einmal fahren?
● Was kann man da machen?

> Ich möchte nach Ägypten fahren. In Ägypten kann man auf einem Kamel reiten.

> wandern

> Eis essen

> auf einem Kamel reiten

auf einem Kamel reiten

Präpositionen	
👤 Wo?	👤→☐ Wohin?
in Ägypten	nach Ägypten
in Paris	nach Paris
zu Hause	nach Hause
im …wald	in den …wald
im Feriencamp	ins Feriencamp
in der Stadt	in die Stadt
auf einer Insel	auf eine Insel
am Amazonas	an den Amazonas

→ AB, GRAMMATIK, Ü 12 Ü 13–14 |

9 Lies die E-Mail und beantworte die Fragen.

1. Wann fährt Paul ins Feriencamp?
2. Mit wem möchte Paul ins Feriencamp fahren?
3. Was möchte Paul im Feriencamp machen?

Im …

Hi Lukas,

ich habe lange nichts von dir gehört oder
gelesen. Alles klar bei dir? Was machst
du im August? Ich möchte wieder mit mei-
nem Bruder an den Ammersee ins Feriencamp
fahren. Das war doch ganz toll, oder?
Also mir hat es gut gefallen. Ich möchte
dann einen Surfkurs machen und SUPen*.
Was das ist, siehst du auf dem Foto. Und?
Bist du wieder dabei? Dann ruf mich an
oder schreib mir.

Bis bald,
Paul

* SUPen= Stand-Up-Paddling, Stehpaddeln

10 Was glaubst du? Wohin möchte Lukas im Sommer fahren?

(→) AB, Ü 15   GRAMMATIK, Ü 16 |

im + *Monate, Jahreszeiten*	
im August	im Sommer

11a Hör zu. Welche Personen sprechen hier?

37 (•))

(a) Lukas und seine Eltern
(b) Lukas, seine Freundin und sein Vater
(c) Lukas, seine Schwester und sein Vater

b Hör noch einmal. Ist das richtig (r) oder falsch (f)?

37 (•))

1. Lukas' Schwester Lea fährt mit ihren Eltern an den Bodensee.   (r) (f)
2. Paul fährt an den Ammersee und Lukas fährt vielleicht mit.   (r) (f)
3. Lukas möchte in München bleiben.   (r) (f)
4. Lukas will Geocaching machen.   (r) (f)

12a Mach ein Interview mit deiner Partnerin / deinem Partner.
Notiere die Antworten.

• Wann fährst du in die Ferien?
• Wohin und mit wem willst du fahren?
• Was willst du dort machen?

b Berichte in der Klasse über die Ferienpläne von
deiner Partnerin / deinem Partner.

(→) AB, GRAMMATIK, Ü 17   Ü 18 |

Modalverb	wollen
ich	will
du	willst
er/es/sie	will

Lukas hat Geburtstag.

> Ich habe nächste Woche Geburtstag und möchte euch alle einladen! (?)

> Ich habe eine Klassenarbeit zurückbekommen. (?)

1a Schau die Bilder an, lies die Sprechblasen und ordne zu.
Hör dann zu und kontrolliere.

38))

b Hör noch einmal und lies mit. Beantworte dann die Fragen.

38))

Simon: Ah! Endlich Pause!

Lukas: Ja, endlich ... Hi, Jule. Na, wie geht's?

Jule: Schlecht.

Lukas: Warum? Was ist los?

Jule: Ich habe eine Klassenarbeit zurückbekommen.

Lukas: Welches Fach?

Jule: Französisch.

Simon: Und? Welche Note hast du?

Jule: Eine Fünf! Ich hatte echt viele Fehler. Aber die Arbeit war auch total schwer!

Lukas: Oh, Mist! Wen hast du denn in Französisch?

Jule: Herrn Burkhard.

Simon: Ach den! Das war ja klar! Na ja, Französisch ist auch ziemlich schwer. Englisch, das ist leicht!

> Pause.

Laura: Natürlich, für dich ist es sehr leicht!

Lukas: ... Hey, Jule, sei nicht traurig! Du, ich mache eine Party. Ich habe nächste Woche Geburtstag und möchte euch alle einladen. Ich hoffe, ihr kommt!

Simon: Ja klar. Danke!

Laura: Ich komme auch. Vielen Dank!

Lukas: Und du, Jule? Du kommst doch auch, oder?

Jule: Ich glaube, ich kann nicht kommen. Ich muss lernen ... Aber ... o.k., ich schau mal. Ich lerne vielleicht vor der Party noch ein bisschen.

Lukas: Ja, mach das! Du musst kommen!

1. Was haben die Schüler?
2. Wer hat eine Klassenarbeit zurückbekommen?
3. Welche Note hat Jule in Französisch?
4. Welchen Lehrer hat Jule in Französisch?
5. Welches Fach findet Simon leicht?
6. Wer lädt zum Geburtstag ein?
7. Wer kann vielleicht nicht kommen?

> In Deutschland gibt es Noten von Eins ☺ ☺ bis Sechs ☹ ☹. Welche Noten gibt es in deinem Land?

→ AB, Ü 1

2 **Mach ein Interview mit deiner Partnerin / deinem Partner.**

● Welchen Lehrer findest du cool/nett/gut/blöd/langweilig?

◆ Herrn Bauer finde ich | ziemlich / sehr / total | cool/nett/...

● Welches Fach findest du gut/leicht/schwer/interessant/doof?

◆ ...

→ AB, GRAMMATIK, Ü 2   SCHREIBTRAINING, Ü 3–6   Ü 7

Frageartikel welch- *im Akkusativ*	
Welchen	Lehrer findest du ...?
Welche	Lehrerin ...?
Welches	Fach ...?
Welche	Fächer ...?

3a **Schau die Bilder an.**
Was ist was? Ordne zu.

? Würstchen

? CDs

? Swimmingpool

? Badehose

? Eis

? Kuchen

? Bikini

b **Lies den Text und die Sätze. Was ist richtig, a oder b?**

Liebe / Lieber...

ich lade Dich herzlich zu meiner Geburtstagsparty ein:
am 12.6. bei mir zu Hause in der Neufeldstraße 10.
Wir fangen um 15 Uhr an. Es gibt tolle Musik,
Würstchen, Kuchen und Eis.

Wichtig: Bring bitte unbedingt Deine Badehose oder
Deinen Bikini mit!
Die Party ist im Garten und wir haben einen
Swimmingpool.
Und vergiss Deine Lieblings-CD nicht!
Ende: 20 Uhr

Dein Lukas

1. Lukas macht
   a eine Geburtstagsparty zu Hause.
   b einen Schwimmkurs in der Neufeldstraße.

2. Die Party ist
   a am zwanzigsten August.
   b am zwölften Juni.

3. Die Party fängt ... an.
   a um drei Uhr
   b um fünf Uhr

4. Alle bringen ... mit.
   a Badehose oder Bikini
   b Würstchen, Kuchen und Eis

4 Macht eine Geburtstagsliste im Kurs.

> Wann hast du Geburtstag?
>
> Am zweiten Februar.

Mario	2.2.
Anna	27.10.
Vanessa	18.6.
David	

Datum: am + *Ordinalzahl*

am zwölf**ten** Juni (1.–19.)
am zwanzig**sten** August (20.–31.)
(!) am ersten/dritten/siebten/achten

→ AB, GRAMMATIK, Ü 8   Ü 9

5a Du möchtest eine Party machen. Mach Notizen.

> Wo?   -> Bei mir zu Hause
> Wann?   -> ...

Präposition bei

Bei wem? bei + *Dativ*

Bei mir.   Bei Lukas.

b Lade deine Partnerin / deinen Partner ein. Frag und antworte.

▲ Ich mache eine Party und möchte dich einladen.
■ Super! Und wo ist deine Party?
▲ Bei mir zu Hause.

■ Und wann?
▲ Am sechsten Mai.
■ Wann fängt die Party an?
▲ Um ...

→ AB, GRAMMATIK, Ü 10   Ü 11

6 Schreib eine Einladung für deine Party.

> In offiziellen Briefen schreibt man *Du, Dich, Dir, Dein* groß.

> Liebe Marie,
>
> ich lade Dich herzlich zu meiner Party ein.
> Wann?   Am ...

> Hallo Tom,
>
> ich mache eine Party und möchte Dich herzlich einladen. ...

→ AB, SCHREIBTRAINING, Ü 12–13

7 Schau die Bilder an und lies die Glückwünsche. Ordne zu.

1. (?) ▲ Herzlichen Glückwunsch zum Geburtstag! ● Vielen Dank.
2. (?) ◆ Frohe Weihnachten! ▼ Danke! Dir auch.
3. (?) ■ Frohe Ostern! ● Frohe Ostern! Oh, das Ei ist aber schön!

→ AB, Ü 14

8a Schau die Bilder an und lies die Bildunterschriften. Hör dann das Gespräch zwischen Jule und Nina. Welche Reihenfolge ist richtig?

  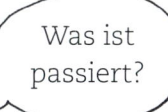

Was ist passiert?

A ?

Wir haben Pizza gegessen.

B ?

Lukas hat viele Geschenke bekommen.

C ?

Wir haben Würstchen gegrillt.

D 1

Simon ist ohne Badehose gekommen.

E ?

Nina hat das Tennisturnier gewonnen.

F ?

Laura hat ihren Ohrring verloren. Wir haben ihn alle gesucht.

b Lies die Sätze und hör noch einmal. Ist das richtig (r) oder falsch (f)?

1. Lukas hat Simon eine Badehose gegeben.   r   f
2. Anna hat Lauras Ohrring gefunden.   r   f
3 Alle sind im Swimmingpool gewesen.   r   f
4. Die Eltern haben Lukas eine Kinokarte geschenkt. r   f
5. Alle sind bis halb neun geblieben.   r   f
6. Lukas hat Nina nicht eingeladen.   r   f
7. Das Tennisturnier hat um sechs Uhr angefangen. r   f

→ AB, Ü 15

9 Wie war deine letzte Geburtstagsparty? Erzähl.

- Wann war die Party?
- Wo seid ihr gewesen?
- Was habt ihr gegessen?
- Was ist passiert?
- Was haben dir deine Freunde geschenkt?
- Wie lange sind deine Freunde geblieben?

→ AB, GRAMMATIK, Ü 16   Ü 17   GRAMMATIK, Ü 18   Ü 19

Die Party war am …
Wir sind bei mir
zu Hause gewesen.
Wir haben … Dann
haben wir …

Perfekt mit sein

(!)   sein, bleiben, passieren
Wir sind im Swimmingpool gewesen.
Wir sind bis halb neun geblieben.
Was ist passiert?

Landeskunde

Klassenfahrt nach Österreich

1 Schaut die Bilder an. Wohin ist die Klasse gefahren?
Was haben die Jugendlichen dort gemacht?

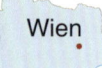
Berlin
Frankfurt am Main
Wien
Innsbruck

2 Lest das Reise-Tagebuch der Klasse 7c. Wann wurden die Fotos in **1** gemacht? Schreibt das Datum und eine Bildunterschrift.

Foto A: 6. Juni, Ankunft in Innsbruck

KLASSENFAHRT NACH INNSBRUCK – UNSER REISE-TAGEBUCH

Montag, 6. Juni
Wir sind um 8 Uhr in Frankfurt losgefahren und um
14.30 Uhr in Innsbruck angekommen. Schön ist es hier!
Ganz grün und überall Berge!
Es war so heiß im Bus, uff!
Am Abend haben wir im Garten Würstchen gegrillt
und Saft-Cocktails gemixt, lecker! Um 22.00 Uhr war
Schluss und wir waren echt müde.

Dienstag, 7. Juni
Die erste Nacht in der Jugendherberge! Jedes Zimmer
hat 4 Betten, das ist sehr lustig. Leider hat Anja
ein Bett kaputt gemacht, aber Tessa und Alina haben
es wieder repariert ;-)

Mittwoch, 8. Juni
Wir haben die Altstadt von Innsbruck besucht. Die
Häuser sind sehr alt und schön. Berühmt ist das
„Goldene Dachl". In der Stadt haben wir Eis gegessen
und am Abend hat es Spaghetti gegeben.

Donnerstag, 9. Juni
Wir sind mit der Bergbahn auf
die Nordkette gefahren und dort
gewandert. Brote, Kuchen und Limo hatten wir im
Rucksack. Daniel und Tilo sind in einem See geschwommen,
aber brrrr! Das Wasser war total kalt!!

Freitag, 10. Juni
Spieletag! In der Jugendherberge gibt es Tischtennis,
Kicker, Mountainbikes und sogar Minigolf.
Herr Biller und Frau Weizmann haben mit
einer Gruppe Geocaching gemacht.
Das war super!

Samstag, 11. Juni
Eine Gruppe ist ins Schwimmbad gefahren und eine
Gruppe zu den Pferden. Wir haben leider nicht wirklich
reiten gelernt in drei Stunden. Lina hat ihr Handy
verloren und wir haben es eine Stunde gesucht! Nach
dem Abendessen hatten wir eine Karaoke-Party. Es
war so lustig! Aber morgen müssen wir schon wieder
fahren. Schade!!!!

3 Worträtsel. Sucht die Wörter im Text.

1. Ein Hotel für Jugendliche ist eine (?).
2. Ein Stadtzentrum, nicht modern, heißt (?).
3. Eine Schüler-Reise nennt man auch (?).
4. Die Klasse schreibt ein (?).
5. Der Freitag war ein (?).

4 Warst du mit deiner Klasse schon auf Klassenfahrt? Wohin seid ihr gefahren?
Was habt ihr gemacht?

Wir planen eine Reise in die Schweiz! 🇨🇭

1 Eure Klasse möchte eine Klassenfahrt in die Schweiz machen. Schaut die Landkarte der Schweiz und die Bilder an. Was kann man dort machen?

(A) Sprachcamp für Jugendliche in **Lausanne**, französische Schweiz

(B) Rundgang durch die Altstadt von **Bern**: Hauptstadt, Stadt der 100 Brunnen mit Zytglogge, Bärengraben und Schokoladenfabrik

(C) SUPen, Segeln und Baden im Seebad Utoquai am Zürichsee in **Zürich**

(D) Bodenseeradweg, 260 km lang, Start in **Rorschach**

(E) Käsemachen auf der Alp Tannenboden, **Glarus**

(F) Alphorn-Musik-Workshop in **Leventina**, italienische Schweiz

(G) Mit dem Glacier-Express **von St. Moritz nach Zermatt**

(H) Kletterlager auf einer Berghütte, **Raron**

2 Jede Gruppe wählt drei Reiseziele aus. Macht in der Gruppe einen Reiseplan.

▲ Ich möchte nach …, dort kann man …   ● Nein, wir fahren nach … Dort können wir …

> Unser Reiseplan
>
> Wir fahren in die Berge auf die Alp Tannenboden. Wir wollen Tiere sehen, Käse machen und natürlich auch Käse essen. Dann fahren wir nach Leventina. Dort lernen wir Alphorn spielen und machen zusammen Musik. Das ist toll! Außerdem wollen wir nach Bern, in die Hauptstadt. Dort gibt es Bären und wir können eine Schokoladenfabrik besuchen und Schweizer Schokolade essen und einkaufen...

3 Stellt der Klasse euren Reiseplan vor. Welche Reise ist der Favorit? Stimmt in der Klasse ab.

Grammatik

Ich bin nach England gefahren. Ich habe schnell Freunde gefunden. Wir sind viel gewandert.

● Verben: Perfekt

	Hilfsverb **sein** +		*Partizip Perfekt*
Ich	bin	nach England	gefahren.
Wir	sind	viel	gewandert.

💃→▢ → *Perfekt mit* sein

🚶→▢ → *Perfekt mit* haben

● Partizip Perfekt mit *-en*: unregelmäßige Verben

	Infinitiv	*Partizip Perfekt*	
	fahren	gefahren	ge (____) en
	finden	gefunden	
Verben mit er-, be-, ver-	bekommen	bekommen	(____) en
	verlieren	verloren	
trennbare Verben	an|fangen	angefangen	(____) ge (____) en
	ein|laden	eingeladen	

! sein → er ist gewesen
bleiben → sie ist geblieben
passieren → es ist passiert

! finden → gefunden
sprechen → gesprochen
schreiben → geschrieben

● Modalverb *wollen*

	wollen		
ich	will !	wir	wollen
du	willst	ihr	wollt
er/es/sie	will !	sie/Sie	wollen

Willst du eine Pause machen?

● Frageartikel *welch-*

	Nominativ	*Akkusativ*
	Welcher Lehrer?	Welchen Lehrer?
Singular	Welches Fach?	
	Welche Lehrerin?	
Plural	Welche Fächer?	

Welcher Lehrer ist cool? Welchen Lehrer findest du lustig?

● Artikel *jed-*

jeden Tag/ Monat/Sommer	jedes Jahr/ Wochenende	jede Woche/ Stunde/Minute

Wie oft gehst du mit deinem Hund spazieren?

Jeden Tag.

● Präpositionen:
vor/nach + *Dativ*

Ich komme …			
vor/nach dem Sport.	vor/nach dem Essen.	vor/nach der Schule.	vor/nach den Ferien.

Wann kommst du? Vor oder nach dem Training?

vor/nach + *Viertel/Minuten*: Uhrzeit

Es ist Viertel vor neun. Es ist zwanzig nach zehn.

Wie viel Uhr ist es?

Viertel nach drei.

in/an/auf + Dativ/Akkusativ

Dativ	Akkusativ
Ich bin …	Ich fahre …
in einem Camp.	in ein Camp.
an einem See.	an einen See.
auf einer Insel.	auf eine Insel.

im + Monate/Jahreszeiten

Im August. Im Sommer.

am + Ordinalzahl: Datum

1. – 19. → am …ten: am neunzehnten Dezember
20. – 31. → am …sten: am zwanzigsten März

bei + Dativ (Person)

Wir sind …				
bei meinem Freund.	bei meiner Freundin.	bei meinen Freunden.	bei Lukas.	bei mir.

(!) Ich fahre nach Hause. Ich bin zu Hause.

⚇ Wo?
→ in, an, auf + Dativ

↗☐ Wohin?
→ in, an, auf + Akkusativ

(!) Am ersten Mai. Am dritten Juli. Am siebten September. Am achten November.

Wann hast du Geburtstag?

Am zwanzigsten März. 20. März

Bei wem bist du?

Bei meinem Freund.

Ich kann …

über die Zeit sprechen und Zeitangaben machen:
Ich mache die Hausaufgaben vor dem Essen, Sandra macht sie nach dem Essen.
◆ Wie viel Uhr ist es? ◆ Es ist Viertel nach eins. / Es ist zwanzig vor fünf.
Ich habe am 6. Juli Geburtstag.

über meine Wohnung / mein Haus sprechen:
Wir haben vier Zimmer: ein Wohnzimmer und drei Schlafzimmer. Das ist mein Zimmer. Es ist immer ein bisschen chaotisch.

über Häufigkeit und Dauer sprechen:
● Wie oft gehst du mit deinem Hund spazieren?
■ Jeden Tag. / Zweimal pro Woche. / Nie.
▲ Wie lange gehst du mit deinem Hund spazieren? ◆ Eine Stunde. / Zehn Minuten.

über die Ferien sprechen: Ich war am Ammersee. Wir haben viel Spaß gehabt. / ◆ Was machst du im Sommer? ▲ Ich fahre wieder in ein Feriencamp. Felix möchte nächstes Jahr wandern.

von Vergangenem erzählen: Die Reise nach England hat echt Spaß gemacht. Ich habe schnell Freunde gefunden. Wir sind oft an den Strand gefahren.

über Wünsche sprechen: Ich will mit Lea ins Feriencamp. Willst du auch mit?

über die Schule sprechen: Welchen Lehrer findest du cool? Welches Fach habt ihr jetzt? Welche Note hast du in Mathe? Die Arbeit war total schwer.

über Gefühle sprechen: Das ist mir egal. / Ich bin sauer. / Hast du Angst? / Ich hoffe, du kommst.

jemanden einladen: Ich möchte dich zu meiner Party einladen. Die Party ist am Samstag bei mir zu Hause. Wir fangen um halb vier an.

gute Wünsche aussprechen und darauf reagieren:
▲ Herzlichen Glückwunsch zum Geburtstag!
◆ Danke.
■ Frohe Weihnachten! ● Danke, dir auch.
◆ Frohe Ostern! ▲ Frohe Ostern!

Wiederholung

Lektion 16

1 Ergänze den Wortigel zum Thema *Wohnen*. Welche Zimmer gibt es und was macht man dort?

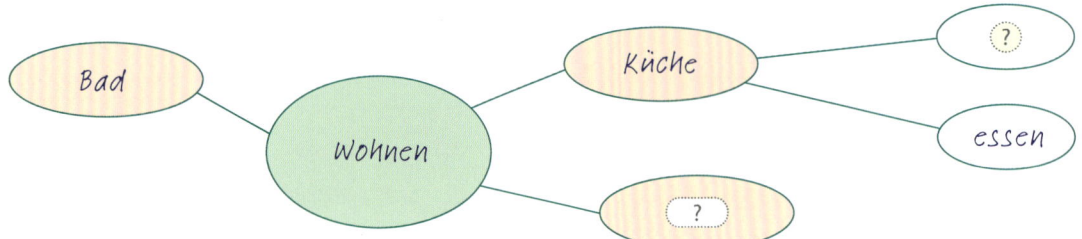

2a Schreibt zu zweit ein Fernsehprogramm mit euren Lieblingssendungen.

b Nun fragt deine Partnerin / deinen Partner wann eine Sendung beginnt. Du gibst die inoffizielle Uhrzeit an. Dann fragst du.

- ● Wann fängt „Das Schülerquiz" an?
- ▲ Um zwanzig nach drei. Wann fängt „ … " an?

Lektion 17

1 Macht das Perfektspiel. Was hast du in den Ferien gemacht?

Lina: In den Ferien habe ich einen Surfkurs gemacht.

   Anton: In den Ferien hat Lina einen Surfkurs gemacht, und ich bin gewandert.

      Luis: In den Ferien hat Lina einen Surfkurs gemacht, Anton ist gewandert und ich …

2a Wie sind deine Urlaubspläne?
Mach ein Interview mit deiner Partnerin / deinem Partner.

Wohin? ✕ Wo? ✕ Wann? ✕ Wie? ✕ Mit wem? ✕ Was?

b Stell dann die Urlaubspläne deiner Partnerin / deines Partners vor.

Lektion 18

1a Sammelt in Gruppen möglichst viele Wörter zum Thema *Schule*.
Welche Gruppe findet die meisten Wörter?

b Schreib Fragen mit *welch-* zum Thema *Schule*.
Mach dann ein Interview mit deiner Partnerin / deinem Partner.

1. Welcher Schultag ist dein Lieblingstag?
2. Welches Fach findest du leicht, blöd, schwer …?
?

2 Schaut das Foto an. Was ist passiert?
Schreibt zu zweit eine Geschichte.

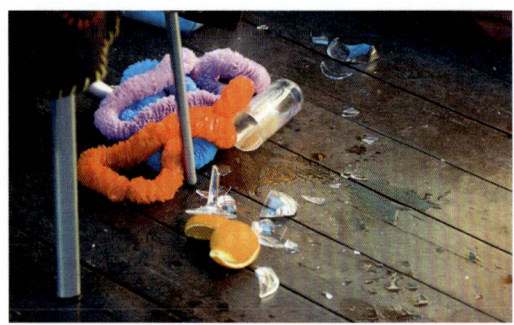

- Die alphabetische Wortliste enthält die Wörter von *Beste Freunde* A1.1 und A1.2 mit Nennung der Lektion und der Aufgabennummer.
  Beispiel: abfahren **13** 4* → Das Wort *abfahren* kommt erstmals in **Lektion 13**, Aufgabe 4 vor.

- Mit einem * sind Aufgabe und Lektion markiert, in der das Wort als Lernwortschatz vorkommt. Der jeweilige Lernwortschatz ist auch im Arbeitsbuch am Ende jeder Lektion zu finden.

- Angegeben ist jeweils das erste Vorkommen im Buch. Sind zwei Lektionsangaben vorhanden, bezieht sich die erste Angabe auf das erste Vorkommen im Buch, an der zweiten Stelle wird das Wort in den Lernwortschatz aufgenommen.
  Beispiel: Abend,-e, der **Start** 6a **6** 6*

- Kursiv gedruckt sind Wörter, die weder zum Lernwortschatz von *Beste Freunde* A1 gehören, noch für die Prüfungen der Niveaustufen A1, A2 und B1 vorausgesetzt werden.

- Nomen mit der Angabe (Sg.) verwendet man in der Regel nur im Singular.
  Nomen mit der Angabe (Pl.) verwendet man in der Regel nur im Plural.

- Folgende Abkürzungen werden verwendet: **LK** = Landeskunde, **AeB** = Auf einen Blick, **WH** = Wiederholung, ugs. = umgangssprachlich

A

ab **5** 2a
Abend, -e, der **Start** 6a **6** 6*
Abendessen, -, das **9** 3a*
aber **3** 1a*
abfahren **13** 4b*
abholen **13** 4b*
Abteilung, -en, die **5** 9
ach **4** 8a
ach so **15** 3a*
acht **Start** 11a*
Achtung! **12** 2
achtzehn **Start** 11b*
achtzig **8** 6a*
Adjektiv, -e, das **AeB** 5
Adresse, -n, die **10** 7*
Ägypten (Sg.), das **17** 8b*
Ah! *1 8b*
äh *1 8b*
Ahnung, -en, die **1** 3b*
Akkordeon, -s, das **15** 1b*
Akkusativ, -e, der **AeB** 2
Akrobat, -en, der **14** 5a
Aktion, -en, die **LK** 4 2a
Aktivität, -en, die **11** 9c

alle **Einstieg** 5 **17** 1c*
allein **6** 12c*
alles **5** 5a
alles klar **3** 6a
Allianz-Arena (Sg.), die **Einstieg** 4
Alphorn, ⸚er, das **Projekt** 6 1
Alphorn-Musik-Workshop, -s, der **Projekt** 6 1
also **5** 2a
alt **4** 7a **15** 4a*
Alter (Sg.), das **Einstieg** 1
Altstadt, ⸚e, die **LK** 6 2
am (+ Datum/Tag/Tageszeit) **4** 11a* **6** 8b*
am (lokal) **12** 4*
an **LK** 3 1a
Ananas, -, die **3** 1a*
Ananassaft, ⸚e, der **3** 1a*
anbraten **Projekt** 3 1b
andere **2** 5a
Anfang, ⸚e, der **13** 7b
anfangen **18** 3b*
angeln **17** 2a*
Angst, ⸚e, die **15** 4a **16** 4*
ankommen **13** 4b*

Ankunft, ⸚e, die **LK** 6 2
anrufen **12** 2*
anschauen **15** 4b*
anstrengend **5** 5a
Antwort, -en, die **2** 13
Anzeige, -n, die **4** 7b
Apfel, ⸚e, der **8** 1a*
Apfelmus (Sg.), das **Projekt** 3 1a
Apfelsaft, ⸚e, der **8** 1a*
April, -e, der **Start** 9a*
Arbeit, -en, die **9** 7a
arbeiten **13** 7b*
Architekt, -en, der **7** 1b*
Architektin, -nen, die **7** 1b*
Arm, -e, der **11** 2a*
Artikel, -, der **AeB** 1
Artisten-Schule, -n, die **14** 5a
Arzt, ⸚e, der **7** 5*
Ärztin, -nen, die **7** 5*
Asterix-Film, -e, der **14** 5a
Asterix-Heft, -e, das **LK** 4 2a
au ja **6** 12c*
auch **2** 1a*
auf (auf Platz 1) **2** 1a
auf (lokal) **LK** 3 1a **14** 6*
auf Wiedersehen **8** 9b*

Wortliste

Aufgabe, -n, die **LK 2** 2
aufmachen **16** 9a*
aufräumen **9** 7a*
aufstehen **9** 7a*
Auge, -n, das **Einstieg 1**
   15 7a*
August, -e, der **Start** 9a*
aus **1** 8b*
aus sein **16** 1a*
Aussagesatz, -̈e, der **AeB 1**
aussehen **14** 2a*
außerdem **Einstieg 4**
Australien (Sg.), das **3** 1a   **7** 9*
Auto, -s, das **12** 7*

B

Bäckerei, -en, die **13** 7b
Bad, -̈er, das **16** 6*
Badehose, -n, die **18** 3a*
baden **Projekt 6** 1
Badminton (Sg.), das **2** 13
Bahnhof, -̈e, der **12** 9*
bald **1** 8b*
Banane, -n, die **8** 4a*
Bananenmilch (Sg.), die **8** 4a*
Band (Musik), -s, die
   Einstieg 4 **12** 1*
Bär, -en, der **Projekt 6** 2
Basketball **2** 1*
Bass, -̈e, der **12** 2
basteln **Einstieg 4** **10** 1*
Bauch, -̈e, der **11** 2a*
Bauchschmerzen (Pl.) **11** 3*
Baum, -̈e, der **LK 3** 1a
beantworten **16** 11a
bei (+ Person) **6** 8a **18** 5a*
bei **2** 1*
Bein, -e, das **11** 1b*
Beispiel, -e, das **LK 1** 1
bekannt **LK 5** 2
bekommen **LK 4** 2a **16** 11a*
Berg, -e, der **LK 1** 1
Bergbahn, -en, die **LK 6** 2
Beruf, -e, der **7** 5*

berühmt **LK 6** 2
besonders **5** 5a
bestimmter Artikel, -, der **AeB 1**
besuchen **15** 4a*
Betreff, -e, der **10** 1
bewegen **11** 9a
bezahlen **15** 5*
Bibliothek, -en, die **10** 12*
Bikini, -s, der **14** 1b*
Bild, -er, das **LK 1** 1
billig **15** 1b*
Bio (Sg.) **6** 2b
Biologie (Sg.), die **4** 1*
bis **5** 5a **9** 3a*
bis bald **1** 8b*
bisschen **8** 13a **13** 4a*
bitte **Start** 3a*
blau **Start** 13a*
bleiben **11** 8a
Bleistift, -e, der **5** 7a*
Block, -̈e, der **5** 7a*
blöd **1** 3b*
blond **Einstieg 1** **15** 7a*
Blume, -n, die **Einstieg 5**
Bluse, -n, die **Einstieg 5** **14** 1*
brauchen **4** 7a **5** 8*
braun **Start** 13a*
Breakdance (Sg.), der
   Einstieg 3 **7** 1*
Breakdance-Elite, -n, die **7** 8
Brieffreund, -e, der **Einstieg 6**
bringen **16** 9b*
Brot, -e, das **9** 2a*
Brötchen, -, das **9** 2a*
Brücke, -n, die **LK 5** 2
Bruder, -̈, der **Einstieg 1** **3** 3b*
Buch, -̈er, das **8** 13a*
Burg, -en, die **17** 2a
Bus, Busse, der **12** 6a*
Bus-Haltestelle, -n, die **12** 9*
Butter (Sg.), die **Projekt 3** 1a

C

Cache, -, der **17** 2a*
Café, -s, das **10** 11b*
Camp, -s, das **17** 2a*
Canyoning (Sg.), das **2** 13
CD, -s, die **8** 15 **10** 2*
Cello, -s, das **5** 5a
Cent, -(s), der **8** 10*
chaotisch **16** 5a
Chat, -s, der **16** 11a*
China (Sg.), das **7** 9*
Chinesisch (Sg.), das **4** 9a*
Chips (Pl.) **8** 11*
Choreografie, -n, die **7** 10a
Cola, -s, die **8** 1a*
Comic, -s, der **Einstieg 3**
   8 1a*
Computer, -, der **Einstieg 2**
   9 7*
Computerabteilung, -en, die **5** 9
Computer-Spezialist, -en, der **4** 5b
Computerspiel, -e, das **6**
   12b **10** 2*
cool (ugs.) **1** 3b*
Cousin, -s, der **7** 2a*
Cousine, -n, die **7** 2a*
Currywurst, -̈e, die **LK 5** 2

D

da **1** 3b
da sein **13** 1a*
dabei **7** 8
Dank (Sg.), der **Start** 3a*
danke **Einstieg 3**
dann **1** 8b **13** 1b*
das **1** 3b*
das ist **Start** 1a*
das (demonstrativ) **Start** 1a*
Dativ, -e, der **AeB 4**
dazu **9** 3a
dein/deine **Projekt 1** 2a **7** 4*
denken **5** 8a*
denn (Modalpartikel) **6** 2a

der 1 3b*

deshalb **Einstieg 4** 11 8*

Detektiv, -e, der 17 2a

Deutsch (Sg.), das 3 6a*

Deutschland (Sg.), das 3 4c*

Dezember, -, der **Start** 9a*

dich 4 7a 12 14a*

dick 9 3a 15 7*

die 1 3b*

Dienstag, -e, der **Start** 6a*

dieser/dieses/diese 2 13

dir 11 4b*

Diskussion, -en, die 5 1b

doch (Antwortpartikel) 4 8a*

doch (Modalpartikel) 3 4c*

Dom, -e, der **LK 5** 2

Donnerstag, -e, der **Start** 6a*

doof **Einstieg 2** 4 3*

Dorf, ¨er, das 17 2a

dort 12 6a*

Dose, -n, die **LK 3** 2a

dran sein 12 10

draußen **Einstieg 4**

drei **Start** 11a*

dreißig 8 6a*

dreizehn **Start** 11b*

du 1 8b*

dumm 15 9*

Durst (Sg.), der 8 2*

duschen 9 7a*

DVD, -s, die 6 2a*

E

echt 5 8a 9 3*

egal 7 10a 16 11a*

E-Gitarre, -n, die 12 2

Ei, -er, das **Projekt 3** 1a 18 7*

eigentlich 9 3a

ein/eine **LK 1** 1 5 2*

eine Null sein 2 5a

einfach **LK 1** 1 7 3*

einkaufen 9 7a*

einladen 18 1a*

Einladung, -en, die 18 3a*

einmal 5 5a 16 11a*

Einrad, ¨er, das 14 5a

eins **Start** 11a*

Eintritt (Sg.), der 14 5a

einverstanden sein 14 8b*

Einwohner, -, der **LK 1** 1

Eis, das **Projekt 1** 2a 8 11*

Eisbeutel, -, der 11 9a

Eistee, -s, der 8 1a*

Eiswürfel, -, der 8 4a*

elf **Start** 11b*

Eltern (Pl.) 7 2a*

E-Mail, -s, die **LK 1** 1 10 6*

Ende, -n, das **Start** 6a* 18 3b*

endlich 5 9

Endung, -en, die **AeB 3**

Energie, -n, die 7 10a

England (Sg.), das 4 8a

Englisch (Sg.), das

  Einstieg 2 4 1*

entdecken **LK 5** 2

entlang 12 6a

Entschuldigung, -en, die 8 13a*

er 2 1a*

Erdkunde (Sg.), die **LK 2** 1

Erste Hilfe (Sg.), die 11 9a

erzählen 15 4a*

es 4 7b

es gibt **LK 1** 1 14 5b*

es ist (+ Uhrzeit) 6 10a*

essen 9 3a*

Essen, -, das 9 9a

Ethik (Sg.), die 4 1*

etwas 8 9b

Euro, -(s), der 8 5*

Europa (Sg.), das 3 5*

F

Fabrik, -en, die **LK 3** 1a

Fach, ¨er, das 18 1b*

fahren **LK 1** 1 10 3*

Fahrkarte, -n, die 13 4b*

Fahrrad, ¨er, das 1 5a*

Fahrrad-Tour, -en, die 11 7*

falsch 2 12*

Familie, -n, die 7 3a*

Fan, -s, der **Projekt 1** 2a 13 7*

Fan-Artikel, -, der 10 2*

fantastisch 9 5b

Fantasy (Sg.), die 5 5a

Farbe, -n, die 9 9a 14 2a*

FC-Bayern-Fan, -s, der **Einstieg 4**

Februar, -e, der **Start** 9a*

fehlen 12 2

Fehler, -, der 18 1b*

feminin **AeB 1**

Ferien (Pl.) 13 1a*

Feriencamp, -s, das

  Einstieg 6 17 1c*

fernsehen 10 3a*

Fernsehsender, -, der **LK 4** 2a

fertig sein 6 12a

Fest, -e, das 14 5a*

Film, -e, der 5 2a 6 1*

Filz (Sg.), der **Einstieg 5**

finden **Einstieg 2** 4 3*

Fisch, -e, der 9 2a*

Fish and Chips (Pl.) 17 2a

Flasche, -n, die 8 9b*

Fleisch (Sg.), das 9 2a*

fliegen 5 2a 13 1b*

Flohmarkt, ¨e, der 14 5a*

Flugzeug, -e, das 5 2a*

Flur, -e, der 16 6*

Fluss, ¨e, der **LK 5** 3 17 4*

Form, -en, die **AeB 3**

Forum, Foren, das **Einstieg 3**

Foto, -s, das 1 5a*

Fotograf, -en, der 10 7

fotografieren 10 7*

Foto Kochbuch, ¨er, das

  Projekt 3 1a

Frage, -en, die **AeB 1** 9 7*

Frageartikel, -, der **AeB 6**

fragen **LK 2** 2 10 5*

Französisch (Sg.), das **LK 1** 1

  4 1*

Frau, -en, die 5 2a*

frei 4 11a*

Wortliste

Freiheit, -en, die **LK 5** 2
Freitag, -e, der **Start** 6a*
Freizeit (Sg.), die **9** 7a*
Fremdsprache, -n, die **Einstieg 3**
Freund, -e, der **3** 1a*
Freundin, -nen, die **3** 1a*
freundlich **15** 9*
Freundschaftsband, ̈er, das **LK4** 1
froh **14** 8c*
früher **LK 5** 2
Frühling, -e, der **Start** 10b*
Frühstück (Sg.), das **9** 3a*
frühstücken **16** 2a*
Füller, -, der **5** 7a*
fünf **Start** 11b*
Fünfkampf, ̈e, der **2** 13
fünfzehn **Start** 11b*
fünfzig **8** 5*
Funsport-Kurs, -e, der **14** 5a
für **Projekt 1** 2a **14** 2*
furchtbar **8** 13a*
Fuß, ̈e, der **11** 1b*
Fußball, ̈e, der **Einstieg 1** **1** 5*
Fußballspiel, -e, das **16** 1d
Fußballspieler, -, der **7** 11*
Fußballspielerin, -nen, die
　7 11*
Fußgängerzone, -n, die **13** 7a
Futter (Sg.), das **16** 11a
füttern **16** 11b*

G

ganz **4** 3*
Ganztagsschule, -n, die **LK 2** 2
gar **LK 3** 2a
Garage, -n, die **16** 6*
Garten, ̈, der **14** 5a*
geben **3** 6a **11** 4b*
gebrochen sein **11** 6a
Geburtstag, -e, der **13** 1b*
gefallen **14** 2a*
gehen **2** 10a **10** 10b*
gehen (das geht) **6** 2a*
gehen (es geht um) **4** 7b*

gelb **Start** 13a*
Geld (Sg.), das **8** 5*
Gemüse, -, das **9** 2a*
genau **LK 2** 2
Genitiv, -e, der **AeB 3**
genug **8** 5
Geocaching (Sg.), das **17** 2a*
Geografie (Sg.), die **3** 4a **4** 1*
gerade (jetzt) **2** 10a **10** 3b*
geradeaus **13** 7b*
Gerät, -e, das **17** 2a*
gern **2** 1*
Geschenk, -e, das **14** 1b*
Geschichte (Sg.), die **4** 1*
Geschwister (Pl.) **Einstieg 1**
　7 2a*
gestern **11** 6a*
gesund **LK 3** 1a
gewinnen **2** 1 **18** 8a*
Gitarre, -n, die **1** 2a*
Gitarrist, -en, der **Einstieg 4**
Glas, ̈er, das **8** 4b*
glauben **7** 9 **14** 1b*
gleich **6** 12a
Gleis, -e, das **13** 6a
Glück (Sg.), das **7** 10a **11** 6a*
Glückwunsch, ̈e, der **18** 7*
GPS (Sg.), das **17** 2a*
GPS-Gerät, -e, das **17** 2a
grau **Start** 13a*
Grenze, -n, die **LK 5** 2
Griechenland (Sg.), das **7** 8*
Griechisch (Sg.), das **4** 9a*
grillen **LK 5** 2 **17** 1c*
groß **15** 7a*
Großeltern (Pl.) **7** 2a*
Großmutter, ̈, die **7** 2a*
Großvater, ̈, der **7** 2a*
grüezi **LK 1** 1
grün **Start** 13a*
Gruppe, -n, die **4** 7a
Gruß, ̈e, der **10** 1
gut **Einstieg 2** **4** 3*
gute Besserung **11** 6a*
gute Nacht **Start** 6b*

guten Abend **Start** 6b*
guten Appetit **Projekt 3** 1b
guten Morgen **Start** 6b*
guten Tag **Start** 6b*
Gymnasium, Gymnasien, das
　2 1

H

Haar, -e, das **Einstieg 1**
　15 7a*
haben **LK 1** 1 **4** 2*
halb **6** 7a*
Halle, -n, die **7** 10a
hallo **Start** 1a*
Hals, ̈e, der **11** 2a*
Halsschmerzen (Pl.) **11** 3*
Hamburger, -, der **LK 3** 2a
Hand, ̈e, die **11** 2a*
Handball, der **2** 13
Handy, -s, das **10** 1*
Handy-Anhänger, -, der **10** 2*
Handynummer, -n, die **12** 1*
hassen **Einstieg 2** **4** 5*
Hauptstadt, ̈e, die **LK 1** 1
Hauptstadt-Strand (Sg.), der
　LK 6 2
Haus, ̈er, das **LK 2** 2
Hausarbeit, -en, die **9** 7a
Hausaufgabe, -n, die
　LK 2 2 **16** 1d*
Hausfrau, -en, die **7** 5*
Hausmann, ̈er, der **7** 5*
Haustier, -e, das **16** 11a*
Heft, -e, das **5** 7a*
Heimatstadt, ̈e, die **Einstieg 4**
heißen **1** 8b*
helfen **LK 4** 2a **15** 8*
Hemd, -en, das **14** 1b*
Herbst, -e, der **Start** 10b*
Herr, -en, der **8** 11*
herzlich **18** 3b*
heute **2** 11*
hey **Start** 6b*
hi **1** 8b*

hier   **2** 1   **8** 11*

Hilfe, -n, die   **8** 13a

Himmel (Sg.), der   **LK 5** 2

hinzufügen   **Projekt 3** 1b

Hip-Hop (Sg.), der   **3** 6a

Hipp hipp hurra!   **2** 1

hm, ja   **1** 3b*

Hobby, -s, das   **Einstieg 1**
   10 3b*

hochlegen   **11** 9a

Hockey (Sg.), das   **2** 3*

hoffen   **18** 1b*

Höflichkeitsform, -en, die   **AeB 3**

hoi   **LK 1** 1

hören   **3** 1a*

Hose, -n, die   **14** 1b*

Hotel, -s, das   **LK 6** 3

hübsch   **15** 9*

Hund, -e, der   **Einstieg 6**
   16 11a*

hundert   **8** 6a*

Hundeschule, -n, die   **16** 11a

Hunger (Sg.), der   **16** 9a*

Hut, ⸚e, der   **Einstieg 5**   **15** 1b*

I

ich   **Start** 1a*

Idee, -n, die   **Einstieg 4**   **14** 9*

ihr   **2** 11*

ihr/ihre   **9** 9b*

im (lokal)   **15** 1b

immer   **8** 12   **10** 10a*

immer noch   **11** 6a

Imperativ, -e, der   **AeB 4**

Imperativsatz, ⸚e, der   **AeB 4**

in (+ Monat/Jahreszeit)   **17** 9

in (lokal: wo)   **3** 1a   **12** 4*

in (lokal: wohin)   **10** 12*

in (temporal)   **LK 1** 1

Indefinitpronomen, -, das   **AeB 5**

Info, -s, die   **4** 7a

Informatik (Sg.), die
   Einstieg 2   **4** 1*

Insel, -n, die   **17** 5*

intelligent   **5** 5a   **15** 9*

interessant   **1** 3b*

Internet (Sg.), das   **LK 1** 1

Interview, -s, das   **2** 1

Italien (Sg.), das   **Projekt 1** 3

Italienisch (Sg.), das   **4** 9a

J

ja   **Start** 9d*

Ja/Nein-Frage, -n, die   **AeB 1**

Jacke, -n, die   **14** 1b*

Jahr, -e, das   **4** 7a   **13** 7c*

Januar, -e, der   **Start** 9a*

Japan (Sg.), das   **Einstieg 3**

Japanisch (Sg.), das   **Einstieg 3**

Jeans (Pl.)   **14** 1b*

jeder/jedes/jede   **LK 2** 2
   16 11a*

jemand   **Einstieg 4**

jetzt   **3** 1a

Job, -s, der   **5** 5a

Jo-Jo, -s, das   **15** 8*

Jongleur, -e, der   **14** 5a

Judo (Sg.), das   **7** 1b*

Jugendherberge, -n, die   **LK 6** 2

Jugendliche, -n, der/die   **LK 3** 1a
   17 1c*

Juli, -s, der   **Start** 9a*

Junge, -n, der   **1** 2a*

Juni, -s, der   **Start** 9a*

Junioren-Sportfest, -e, das   **14** 5a

K

Kaffee, -s, der   **8** 1a*

Kakao, -s, der   **8** 1a*

kalt   **9** 5b*

Kamel, -e, das   **8** 13a   **17** 7a*

Kapitän, -e, der   **Einstieg 2**
   5 2a*

kaputt   **16** 11a*

Karaoke (Sg.), das   **LK 6** 2

Karaoke-Party, -s, die   **LK 6** 3

Karate (Sg.), das   **2** 3a*

Karateklub, -s, der   **Einstieg 3**

Karibik-Cocktail, -s, der   **8** 1b*

Karte, -n, die   **Einstieg 4**

Kartoffel, -n, die   **9** 5b*

Kartoffelsuppe, -n, die   **LK 3** 2a

Käse, -, der   **Projekt 6** 2

Katze, -n, die   **Einstieg 5**
   16 11a*

kaufen   **5** 11*

Kaufhaus, ⸚er, das   **10** 12*

Kaugummi, -s, der   **8** 9a

kein/keine   **2** 11*

keine Ahnung   **1** 3b

Kenia (Sg.), das   **7** 9*

kennen   **LK 1** 1   **12** 6a*

kennenlernen (sich)   **15** 4a*

Kennzeichen, -, das   **LK 1** 1

Keyboard, -s, das   **12** 2

Kick, -s, der   **3** 6a

Kicker, -, der   **LK 6** 2

Kicker-Magazin, -e, das   **11** 4b*

Kilometer, -, der   **15** 8*

Kind, -er, das   **LK 3** 1a

Kindergarten, ⸚, der   **LK 3** 1a

Kinderzimmer, -, das   **16** 6*

Kino, -s, das   **8** 12   **10** 11*

Kiosk, -e, der   **WH 3** 2   **14** 5a*

klar   **1** 8b*

klasse   **13** 1b*

Klasse, -n, die   **2** 1   **17** 1c*

Klassenarbeit, -en, die   **18** 1a*

Klassenfahrt, -en, die   **LK 6** 2

Klassiker, -, der   **14** 5a

Klassiker-Kino, -s, das   **14** 5a

Klavier, -e, das   **15** 8*

Kleid, -er, das   **14** 1b*

klein   **LK 1** 1   **15** 7*

Kletterlager, -, das   **Projekt 6** 1

klettern   **Einstieg 1**   **2** 1*

Klub, -s, der   **10** 1*

Klub-Treffen, -, das   **10** 1

Koch, ⸚e, der   **7** 5*

Kochbuch, ⸚er, das   **LK 3** 1a

kochen   **9** 7a*

Köchin, -nen, die   **7** 5*

Wortliste

Kochkurs, -e, der   **LK 3** 1a
Kochprojekt, -e, das   **LK 3** 1a
kommen   **1** 8b   **13** 1b*
können (Vorschlag)   **LK 1** 1   **6** 11*
Konzert, -e, das   **14** 5a*
Kopf, ⁻e, der   **11** 2a*
Kopfschmerzen (Pl.)   **11** 1b*
kosten   **8** 10*
krank   **17** 2a*
Küche, -n, die   **16** 5a*
Kuchen, -, der   **9** 2a*
Kugelschreiber, -, der   **14** 4*
kühlen   **11** 9c
Kuh, ⁻e, die   **LK 3** 1a
Kuli, -s, der   **5** 7a*
Kunst, ⁻e, die   **7** 10a
Kunst(erziehung) (Sg.), die   **4** 1*
Künstler, -, der   **13** 7a
Kuppel, -n, die   **LK 5** 2
Kurs, -e, der   **LK 3** 1a   **11** 7*
kurz   **15** 9*

L

lachen   **3** 6a*
Lampe, -n, die   **1** 2a*
Land, ⁻er, das   **LK 1** 1
lang   **15** 7a*
lange   **9** 7a
langweilig   **4** 3*
laufen   **10** 3a*
leben   **LK 3** 1a
lecker   **LK 3** 2a
Lehrer, -, der   **7** 5*
Lehrerin, -nen, die   **7** 5*
leicht   **13** 7b*
leidtun   **6** 2a   **8** 13*
leider   **11** 6a*
lernen   **6** 1*
Lernzeit, -en, die   **LK 2** 1
lesen   **Einstieg 3**   **10** 3a*
Leute (Pl.)   **15** 1b   **13** 1b*
lieben   **3** 6a*
lieber   **3** 6a   **8** 3*
lieber/liebe   **18** 3b*

Lieblings-CD, -s, die   **18** 3b
Lieblingsessen, -, das   **9** 9a*
Lieblingsfarbe, -n, die   **9** 9a*
Lieblingswort, ⁻er, das   **9** 9a*
Liechtenstein (Sg.), das   **3** 4c*
Lied, -er, das   **3** 6a
Liedtext, -e, der   **15** 2a*
liegen   **LK 5** 2
lila   **Start** 13a*
Limo, -s, die   **8** 1a*
Limonade, -n, die   **8** 4a*
Lineal, -e, das   **5** 7a*
links   **12** 6a*
Liter, -, der   **8** 4a*
los müssen   **11** 6a
los sein   **11** 6a*
losgehen   **5** 2a
Lucky-Luke-Heft, -e, das   **LK 4** 2a
Lust, ⁻e, die   **2** 11*
lustig   **3** 1a*

M

machen   **2** 1*
Mädchen, -, das   **1** 5a*
Magazin, -e, das   **10** 7
Mai, -e, der   **Start** 9a*
mal   **LK 1** 1
malen   **15** 6*
man   **Start** 3a   **14** 5c*
manchmal   **Einstieg 2**   **7** 3*
Manga, -s, das   **Einstieg 3**
Mango, -s, die   **8** 4a*
Mangosaft, ⁻e, der   **8** 4a*
Mann, ⁻er, der   **5** 2a*
Mantel, ⁻, der   **16** 10*
Marathon, -s, der   **10** 3a*
Marker, -, der   **5** 7a*
Marmelade, -n, die   **9** 2a*
März, -e, der   **Start** 9a*
maskulin   **AeB 1**
Master-Turnier, -e, das   **7** 8
Mathe (Sg.)   **2** 5a*
Mathematik (Sg.), die
   Einstieg 1   **4** 1*

Max-Planck-Gymnasium (Sg.), das
   Einstieg 4
Meer, -e, das   **Projekt 1** 2a
   17 1c*
megacool (ugs.)   **Einstieg 5**
Mehl (Sg.), das   **Projekt 3** 1a
mehr   **8** 8*
mein/meine   **LK 1** 1   **7** 1*
meinen   **1** 1
meistens   **9** 7a   **12** 8*
Melone, -n, die   **LK 3** 2a
mich   **Einstieg 2**   **12** 14*
Milch (Sg.), die   **8** 1a*
Mickey-Maus-Magazin, -e, das
   LK 4 2a
Mineralwasser (Sg.), das   **8** 1a*
Minigolf (Sg.), das   **LK 6** 2
Minirock, ⁻e, der   **Einstieg 5**
Minute, -n, die   **Projekt 3** 1b
   16 11a*
mir   **LK 1** 1   **11** 5*
Mist (Sg.), der   **6** 10a*
mit   **2** 1   **6** 12c*
mitbringen   **10** 9*
mitfahren   **17** 11b*
Mitglied, -er, das   **Einstieg 3**
Mitglieder-Porträt, -s, das
   Einstieg 3
mitmachen   **4** 7b   **10** 1*
mitschicken   **15** 1b
Mittag, -e, der   **6** 6*
Mittagessen, -, das   **9** 3a*
Mittagspause, -n, die   **LK 2** 1
Mittagsruhe (Sg.), die   **9** 7a
Mittelschule, -n, die   **LK 4** 2a
mitten   **LK 5** 2
Mittwoch, -e, der   **Start** 6a*
mixen   **LK 6** 2
möchten   **2** 10a   **5** 8*
Modalverb, -en, das   **AeB 2**
Mode, -n, die   **2** 1a
Modell, -e, das   **10** 7
Modellbau (Sg.), der   **10** 1
Modellschiff, -e, das
   Einstieg 4   **10** 1*

Modellschiff-Fan, -s, der   **10** 12
modern   **2** 13
mögen   **8** 3*
Monat, -e, der   **13** 1b*
Mond, -e, der   **3** 6a*
Monopoly® (Sg.), das   **1** 13a*
Monster, -, das   **Einstieg 5**
Montag, -e, der   **Start** 6a*
morgen   **6** 2a*
Morgen, -, der   **6** 6*
Motiv, -e, das   **Einstieg 5**
Motorrad, ⸚er, das   **Einstieg 5**
Motto, -s, das   **LK 4** 2a
Mountainbike, -s, das   **LK 1** 1
Museumsinsel (Sg.), die   **LK 5** 2
Musical, -s, das   **5** 1b
Musik (Sg.), die   **Einstieg 1**
    2 1a*
Musiker, -, der   **15** 1b
Musik-Fan, -s, der   **Einstieg 5**
Müsli, -s, das   **LK 3** 2a
müssen   **6** 2a*
mutig   **5** 5a
Mutter, ⸚, die   **6** 10a   **7** 2*
Mütze, -n, die   **Einstieg 5**

N

na   **1** 8b
na gut   **11** 4b
na ja   **2** 13   **5** 13*
na klar   **15** 8*
na toll   **6** 12c*
nach (lokal)   **13** 1b*
nach (temporal)   **16** 1d*
Nachmittag, -e, der   **6** 5*
nächster/nächstes/nächste
    13 1b*
Nacht, ⸚e, die   **6** 6*
Name, -n, der   **Einstieg 1**
    8 15*
nass   **8** 13a
natürlich   **2** 1   **3** 4*
Negation, -en, die   **AeB 1**
Negativartikel (Sg.), der   **AeB 3**

nein   **Start** 9d*
nennen   **Einstieg 5**
nerven   **7** 3a*
nett   **12** 11a*
neu   **4** 7a   **16** 1a*
neun   **Start** 11b*
neunzehn   **Start** 11b*
neunzig   **8** 6a*
neutral   **AeB 1**
nicht mehr   **11** 9a
nicht   **2** 5a*
nichts   **2** 10c*
Nichtstun (Sg.), das   **Projekt 4** 2
nie   **5** 5a   **16** 11a*
niemand   **7** 1b*
noch   **5** 13*
noch (ein)mal   **10** 5*
Nomen, -, das   **AeB 1**
Nominativ, -e, der   **AeB 1**
normal   **5** 5a*
normalerweise   **LK 3** 2a
Note, -n, die   **18** 1b*
November, -, der   **Start** 9a*
Nudel, -n, die   **17** 1c*
null   **Start** 11b*
Nummer, -n, die   **2** 1   **12** 5*
nur   **2** 5a   **15** 1b*

O

o.k.   **5** 13*
oben   **LK 5** 2
Obst (Sg.), das   **9** 2a*
Obstsalat, -e, der   **LK 3** 2a
oder   **1** 8b   **12** 6a*
oft   **LK 3** 2a   **10** 12b*
ohne   **LK 3** 1a   **18** 8a*
Ohr, -en, das   **11** 2a*
Ohrenschmerzen (Pl.)   **11** 3*
Ohrring, -e, der   **10** 2*
Oje!   **11** 3*
okay   **2** 5a   **4** 3*
Oktober, -, der   **Start** 9a*
Öl, -e, das   **Projekt 3** 1a
Olympiapark, -s, der   **14** 5a

Olympiazentrum, -tren, das   **14** 5a
Oma, -s, die   **7** 2a*
Onkel, -s, der   **7** 1a*
Opa, -s, der   **7** 1a*
Open-Air (Sg.), das   **14** 5a
Open-Air-Konzert, -e, das   **14** 5a
orange   **Start** 13a*
Orange, -n, die   **8** 1a*
Orangensaft, ⸚e, der   **8** 1a*
ordentlich   **16** 5a*
Ordinalzahl, -en, die   **AeB 6**
originell   **Einstieg 5**
Ort, -e, der   **Einstieg 1**
Ost-   **LK 5** 2
Ostbahnhof, ⸚e, der   **14** 5a*
Ostern (Sg.), das   **18** 7*
Österreich (Sg.), das   **3** 4c*
Österreicher, -, der   **LK 1** 1

P

P.S. (post scriptum) (Sg.), das   **10** 1
Parcours (Sg.), das   **14** 5a
Park, -s, der   **10** 10b*
Parlament, -e, das   **LK 5** 2
Partizip, -ien, das   **AeB 5**
Party, -s, die   **Einstieg 5**   **13** 16*
passieren   **18** 9*
Pause, -n, die   **LK 2** 1   **18** 1b*
Pech (Sg.), das   **11** 6a*
PECH-Regel, -, die   **11** 9a
per   **10** 7
perfekt   **Einstieg 4**
Perfekt (Sg.), das   **AeB 5**
Personalpronomen, -, das   **AeB 1**
Pfannkuchen, -, der
    Projekt 3 1a
Pfeffer (Sg.), der   **Projekt 3** 1a
Pferd, -e, das   **Einstieg 5**   **16**
    11a*
Physik (Sg.), die   **4** 1*
Picknick, -s, das   **LK 5** 2   **17** 1c*
Pingpong (Sg.), das   **3** 6a
pink   **Einstieg 5**
Piratenschiff, -e, das   **15** 6

Wortliste

Pizza,-s, die **Projekt 1** 2a 9 9*
Planet, -en, der **Einstieg 2**
Platz, ¨e, der **2** 1 **12** 4*
Plural, -e, der **AeB 3**
Polen (Sg.), das 7 8
Pommes (Pl.) **LK 5** 2
Popcorn (Sg.), das **8** 11*
Porträt, -s, das 9 7a
Possessivartikel, -, der **AeB 3**
Post (Sg.), die **10** 7*
Poster, -, das **10** 2*
Präposition, -en, die **AeB 1**
Präteritum (Sg.), das **AeB 4**
Prinzessin, -nen, die **5** 2a*
pro **16** 11a*
proben **12** 6a
Problem, -e, das **10** 7*
Profi, -s, der **2** 13
Programm, -e, das **14** 5a
   17 1c*
Projekt, -e, das **LK 3** 1a
Pullover, -, der **14** 1b*
pünktlich **12** 6a*
pürieren **Projekt 3** 1b

Q

Quatsch (Sg.), der **14** 8c*
Quiz, -, das **5** 1b

R

Racketlon (Sg.), das **2** 13
Radiergummi, -s, der **5** 7a*
Radio, -s, das **17** 2a
Radioprogramm, -e, das **17** 2c
Raumschiff, -e, das
   Einstieg 2 **5** 2*
rechts **12** 6b*
Recycling-Firma, -Firmen, die
   LK 4 2a
Redaktion, -en, die **10** 7
Reggae (Sg.), der **14** 5a
Reggae-Konzert, -e, das **14** 5a
registrieren **8** 12

Reichstag (Sg.), der **LK 5** 2
Reis (Sg.), der **9** 2a*
Reise, -n, die **13** 4a*
Reiseplan, ¨e, der **Projekt 6** 2
Reise-Tagebuch, ¨er, das **LK 6** 2
reiten **15** 8*
Religion, -en, die **4** 1*
reparieren **Einstieg 6** **16** 9a*
Rhythmus, Rhythmen, der 7 10a
richtig **2** 1*
Ring, -e, der **10** 2*
Rock, ¨e, der **Einstieg 5** **14** 1b*
Rock'n'Roll (Sg.), der 3 6a
Rockmusik, -en, die 3 1a
Rolle, -n, die **5** 5a
rot **Start** 13a*
Rücken, -, der **11** 2a*
Rückenschmerzen (Pl.) **11** 3*
Rucksack, ¨e, der **1** 5a*
Rundgang, ¨e, der **Projekt 6** 1
Russisch (Sg.), das **4** 9a*
Russland (Sg.), das **7** 9*

S

Sache, -n, die **8** 13a*
Saft, ¨e, der **8** 1a*
Saft-Cocktail, -s, der **LK 6** 3
sagen **5** 5a **10** 8*
Salat, -e, der **9** 5b*
Salz (Sg.), das **Projekt 3** 1a
sammeln **10** 1*
Sammlung, -en, die **LK 4** 2a
Samstag, -e, der **Start** 6a*
Sängerin, -, der **12** 2
Satz, ¨e, der **AeB 2**
sauer **6** 11a **16** 11a*
Saxofon, -e, das **1** 13a*
S-Bahn, -en, die **14** 5a
schade **6** 2a*
schau mal **1** 3b*
schauen **6** 1*
schenken **18** 8b*
Schere, -n, die **5** 7a*
schick **Einstieg 5**

schicken **10** 7*
Schiff, -e, das **5** 2a*
Schifffahrt, -en, die **LK 5** 2
Schinken, -, der **LK 3** 2a
schlafen **9** 3a*
Schlafzimmer, -, das **16** 6*
Schlagzeug, -e, das **3** 5*
schlank **15** 7a*
Schloss, ¨er, das **LK 1** 1
Schluss, ¨e, der **9** 7a **13** 1b*
schmecken **8** 4b*
Schmerz, -en, der **11** 3*
schneiden **Projekt 3** 1b
schnell **10** 7*
Schnitzel, -, das **LK 3** 2a
Schokolade, -n, die **8** 11*
schon **4** 8a **12** 11*
schön **Start** 6b **15** 9a*
schreiben **Start** 3a*
Schreibwaren (Pl.) **5** 7a
Schuh, -e, der **14** 1b*
Schule, -n, die **Einstieg 1**
   12 13a*
Schüler, -, der **2** 1 **18** 1b*
Schülerin, -nen, die **2** 1
Schüler-Reise, -n, die **LK 6** 3
Schülerzeitung, -en, die **2** 1
schwarz **Start** 13a*
Schweden (Sg.), das **5** 5b
Schwedisch (Sg.), das **5** 5a
Schweiz (Sg.), die **3** 4c*
schwer **LK 3** 2a **13** 7b*
Schwester, -n, die **7** 2a*
Schwimmbad, ¨er, das **10** 12*
schwimmen **2** 3a*
Science-Fiction (Sg.), die **5** 1b
sechs **Start** 11a*
sechzehn **Start** 11b*
sechzig **8** 6a*
See, -n, der **10** 11b **17** 1c*
Seebad, ¨er, das **Projekt 6** 1
See-Park, -s, der **10** 11b
segeln **Projekt 6** 1
sehen **4** 5a **12** 11a*
sehr **LK 1** 1 **4** 10*

sein **Start** 1a*

sein/seine **9** 9b*

seit **8** 12

Sekretär, -e, der **7** 6*

Sekretärin, -nen, die **7** 6*

selbst **10** 1

September, -, der **Start** 9a*

Serie, -n, die **Einstieg 2**

servus **LK 1** 1

Sessel, -, der **1** 2a*

sicherlich **LK 5** 2

sie (Pl.) **3** 1a*

sie (Sg.) **2** 1a*

Sie **8** 9b*

sieben **Start** 11a*

siebzehn **Start** 11b*

siebzig **8** 6a*

singen **Einstieg 1** **2** 1*

Singular, -e, der **AeB 1**

Situation, -en, die **6** 6

Skateboard, -s, das **LK 2** 2 **10** 3a*

skaten **14** 5a

Sketch, -e, der **17** 2a

Ski fahren **LK 1** 1

Skizze, -n, die **10** 7*

skypen **10** 3a*

Slackline-Kurs, -e, der **14** 5a

SMS, -, die **Einstieg 6**

so **3** 1a

sofort **15** 4a

solche **11** 6a

Sommer, -, der **Start** 10b*

Song, -s, der **12** 2

Sonne, -n, die **LK 5** 2

Sonntag, -e, der **Start** 6a*

sonst **8** 9b

Soße, -n, die **Projekt 3** 1a

Sound, -s, der **12** 2

soweit **7** 8

Spaghetti, -, die **Projekt 1** 2a

Spanien (Sg.), das **3** 5*

Spanisch (Sg.), das **4** 9a*

Spaß, ⸚e, der **Einstieg 3** **13** 1b*

spät **6** 10a*

spazieren gehen **16** 11a*

Spaziergang, ⸚e, der **Projekt 5** 4a

Spezi (Sg.), das **8** 1a*

Spickzettel, -, der **2** 1

Spiel, -e, das **6** 10a **10** 2*

spielen **1** 8a*

Spieler, -, der **7** 11*

Spielerin, -nen, die **7** 11*

Spielplatz, ⸚e, der **LK 5** 2

Spielzeug, -e, das **LK 4** 1

spinnen **6** 12c*

Spitzer, -, der **5** 7a*

Sport (Sg.), der **Einstieg 1** **2** 1a*

Sporthalle, -n, die **7** 10*

sportlich **15** 7a*

Sportmagazin, -e, das **9** 3a

Sporttasche, -n, die **1** 5a*

Sprachcamp, -s, das **17** 2a*

Sprache, -n, die **LK 1** 1

sprechen **LK 1** 1 **4** 10*

stabilisieren **11** 9a

Stadion, Stadien, das **7** 10*

Stadt, ⸚e, die **Projekt 1** 2a **17** 4*

Stadtzentrum, -zentren, das **LK 6** 3

Stand-Up-Paddling (Sg.), das **17** 9

Start, -s, der **3** 5

Statue, -n, die **13** 7a*

Steckbrief, -e, der **Einstieg 1**

stehen **8** 15*

Stehpaddeln (Sg.), das **17** 9

steigen **LK 5** 2

Stern, -e, der **LK 4** 2a

Stil, -e, der **Einstieg 5**

Stimme, -n, die **5** 5a

stimmen **5** 8a

stopp **LK 3** 1a

Strand, ⸚e, der **17** 1c* **LK 5** 2

Straße, -n, die **7** 10a **12** 4*

Straßenbahn, -en, die **12** 6a*

Straßenkünstler, -, der **13** 7a*

Studio, -s, das **5** 5a

Stunde, -n, die **4** 2*

Subjekt, -e, das **AeB 2**

suchen **Einstieg 4** **17** 1*

Sudoku, -s, das **6** 12a

Summe, -n, die **8** 9a

Sumo-Ringer, -, der **9** 3a

SUPen **17** 9

super **1** 3b*

Supermarkt, ⸚e, der **11** 4b **12** 9*

Super-Schiff, -e, das **10** 8

Suppe, -n, die **9** 5b*

Surfbrett, -er, das **1** 2a*

surfen **2** 3a*

süß **1** 3b*

Süße (Sg.), das **LK 3** 1a

Swimmingpool, -s, der **18** 3a*

Symbol, -e, das **LK 5** 2

sympathisch **Einstieg 5**

Synchronsprecherin, -nen, die **5** 5a

Syntax, -en, die **AeB 1**

T

Tag, -e, der **Start** 6a*

Tageszeit, -en, die **6** 8b

Tante, -n, die **7** 2a*

tanzen **7** 10a **10** 3*

Tänzer, -, der **7** 6*

Tänzerin, -nen, die **7** 6*

Tanz-Video, -s, das **7** 10a

Tasche, -n, die **1** 5a **13** 9*

tauchen **2** 3a*

Team, -s, das **LK 3** 1a

Tee, -s, der **8** 1a*

Teil, -e, das **12** 2

telefonieren **3** 1a*

Telefonnummer, -n, die **12** 5a*

Tennis (Sg.), das **1** 13a*

Terrasse, -n, die **16** 6*

Test, -s, der **11** 7*

teuer **15** 1d*

Text, -e, der **7** 11*

Wortliste

Theater, -, das **Einstieg 2** **4** 7a*
Theatergruppe, -n, die **4** 7a
Theaterspielen (Sg.), das **4** 7a
Tier, -e, das **Einstieg 5**
   16 11a*
Tier-Motiv, -e, das **Einstieg 5**
Tisch, -e, der **3** 5
Tischtennis (Sg.), das **3** 5*
Toilette, -n, die **16** 6*
Toleranz (Sg.), die **LK 3** 2
toll **1** 6*
Tomate, -n, die **LK 3** 2a
Tomatensoße, -n, die **Projekt 3** 1a
Tomatensuppe, -n, die **LK 3** 2a
Tor, -e, das **3** 6a **11** 1a*
total **4** 3*
Tourist, -en, der **LK 5** 2
Trainer, -, der **7** 6*
Trainerin, -nen, die **7** 6*
trainieren **7** 10a*
Training, -s, das **9** 7a*
Traum, -e, der **5** 5a
Traumjunge **15** 7a*
traurig **18** 1b
treffen **7** 8 **10** 3a*
Treffen, -, das **10** 1
Treffpunkt, -e, der **14** 5a*
trennbares Verb **AeB 3**
trinken **3** 1a*
tschüss **1** 8b*
T-Shirt, -s, das **1** 5a*
Tür, -en, die **16** 7*
Türkei (Sg.), die **7** 9*
Türkisch (Sg.), das **4** 9a*
Turnier, -e, das **7** 8*
Tüte, -n, die **8** 11*
typisch **Projekt 1** 2a

U

U-Bahn, -en, die **12** 7*
üben **Einstieg 2** **6** 3*
Überraschung, -en, die **13** 1b
Uhr, -en, die **5** 5a **6** 7*
Uhrzeit, -en, die **6** 8b

um **6** 7a*
umsteigen **13** 4b*
umziehen **12** 2
unbedingt **18** 3b
unbestimmte Artikel, -, der **AeB 1**
und **Start** 1a*
Unfall, -e, der **11** 1a*
ungefähr **9** 7a
ungesund **8** 12
unser **LK 3** 2a
Unterricht (Sg.), der **17** 2a*
USA (Pl.) **13** 3*

V

Vampir-Film, -e, der **15** 4a*
Vater, -, der **4** 8a **7** 1*
Verb, -en, das **AeB 1**
Verband, -e, der **11** 9a
vergessen **10** 7 **17** 1c*
verkaufen **12** 2a **15** 4a*
verlieren **18** 8a*
verrückt **9** 3a*
verstecken **17** 2a
verstehen **15** 3b*
Video, -s, das **7** 10a
viel **Start** 3a **17** 1c*
viel Glück **7** 10a
vielen Dank **Start** 3a*
vielleicht **2** 11*
vier **Start** 11b*
Viertel, -, das **16** 3*
vierzehn **Start** 11b*
vierzig **8** 6a*
Vokabel, -n, die **16** 2a*
voll **3** 6a
Volleyball **1** 13a*
von (lokal) **3** 6a*
von … bis **5** 5a*
vor (temporal) **16** 1d*
Vormittag, -e, der **6** 6*
Vorname, -n, der **9** 9a
Vorsicht (Sg.), die **11** 6a

W

wachsen **LK 3** 1a
Wagen, -, der **LK 5** 2
Wald, -er, der **17** 2a*
wandern **15** 8*
wann **6** 2a **9** 3b*
Ware, -n, die **5** 7a
warm **LK 3** 1a **17** 1c*
warten **5** 8a **12** 11a*
warum **4** 8a **15** 4b*
was **2** 2*
Wasser (Sg.), das **7** 1b*
wehtun **11** 1b*
Weihnachten (Sg.), das **18** 7*
weiß **Start** 13a*
weit **12** 6a
welcher/welches/welche **18** 1b*
Welt, -en, die **LK 5** 2
Weltraum (Sg.), der **5** 2a
wem **13** 1c*
wen **4** 5a **15** 4b*
wenig **8** 8*
wer **1** 3b*
werden **9** 3a
West- **LK 5** 2
Wettbewerb, -e, der **10** 7
W-Frage, -n, die **AeB 1**
wichtig **Einstieg 4**
Wie bitte? **Start** 3a*
Wie geht es dir? **3** 6a*
wie lange **9** 7a
wie viel **2** 13 **8** 10*
wie **Start** 3a*
wieder **9** 3a
wiederholen **10** 5*
Wiedersehen, -, das **8** 9b*
willkommen **Einstieg 3**
Winter (Sg.), der **Start** 10b*
wir **2** 11*
wirklich **4** 8a **9** 4*
wissen **3** 4c*
wo **3** 3c*
Woche, -n, die **Start** 6a **13** 1b*
Wochenende, -n, das **Start** 6a*

woher   **1** 8b*
wohin   **2** 10a   **10** 10b*
wohnen   **3** 1a*
Wohnort, -e, der   **Einstieg 1**
Wohnung, -en, die   **16** 7*
Wohnzimmer, -, das   **16** 6*
wollen   **17** 12a*
Workshop, -s, der   **Projekt 6** 1
Wort, ⁺er, das   **4** 10b*
Wortbildung, -en, die   **AeB 3**
worüber   **9** 1
worum   **4** 7b
wunderschön   **Start** 6a
wünschen   **7** 10a
Würfel, -, der   **8** 4a*
Würstchen, -, das   **18** 3a*

Z

zahlen   **LK 4** 2a
Zahn, ⁺e, der   **11** 2a*
Zahnschmerzen (Pl.)   **11** 3*
zehn **Start** 11b*
Zeichentrickserie, -n, die   **5** 1b
zeichnen   **Einstieg 3**   **7** 1*
zeigen   **11** 5*
Zeit, -en, die   **6** 2a*
Zeitung, -en, die   **2** 1   **8** 11*
Zentrum, Zentren, das   **LK 6** 3
Ziel, -e, das   **3** 5
ziemlich   **17** 2a   **18** 1b*
Zimmer, -, das   **9** 7a*
Zitrone, -n, die   **8** 4a*

zu (lokal)   **7** 8   **12** 6*
zu Fuß   **12** 8*
zu Hause   **LK 3** 2a   **17** 4*
Zucker (Sg.), der   **8** 4a*
zuerst   **Projekt 5** 2
Zug, ⁺e, der   **12** 7*
zurück-   **17** 2a*
zurückbekommen   **18** 1a
zusammen   **2** 11*
zwanzig   **Start** 11b*
zwei   **Start** 11a*
zweimal   **16** 11a*
Zwiebel, -n, die   **Projekt 3** 1a
zwischen   **LK 5** 2
zwölf   **Start** 11b*

Quellenverzeichnis

Cover: Martin Kreuzer, Bachern am Wörthsee
U2: © Digital Wisdom
Seite 6: Martin Kreuzer, Bachern am Wörthsee
Seite 7: Nico: Dominik Gigler, Gräfelfing; Karte © Digital Wisdom
Seite 8: Fan-Schal © Hueber Verlag/Britta Meier; Ringe, Ohrringe, Handy-Anhänger © Thinkstock/iStockphoto
Seite 12: Tor, Unfall © Thinkstock/iStock
Seite 15: Verband © Thinkstock/iStockphoto
Seite 16: Gitarre © Thinkstock/Hemera
Seite 17: Bus © fotolia/Olga D. van de Veer; Tram © fotolia/Eric Gevaert; Fahrrad © Thinkstock/iStockphoto; Zug © fotolia/Wolfgang Jargstorff; Auto © PantherMedia/Jacek Tarczyński; U-Bahn © Thinkstock/Hemera; gehen © Thinkstock/iStockphoto
Seite 18: Bus-Haltestelle © Hueber Verlag/Holger Latzel; Bahnhof © Thinkstock/Hemera; Augenpaar © Thinkstock/iStockphoto; Straßenschild © Hueber Verlag/Julia Guess
Seite 20: Comics © iStockphoto/Lya_Cattel; Freundschaftsbänder © fotolia/romy mitterlechner; Handys © Thinkstock/iStockphoto; Spielzeug © Thinkstock/Zoonar
Seite 24: Sportlerin © Thinkstock/iStockphoto; Bushaltestelle © Thinkstock/Fuse
Seite 25: Kati: Dominik Gigler, Gräfelfing; Rock © Heike Elste; Tasche © Olga; Hut © Ellen Geisel
Seite 26: Stephansdom © fotolia/jomare; Marienplatz © Thinkstock/iStockphoto
Seite 28: Bahnhof © irisblende.de; Musiker © Thinkstock/iStockphoto; Zeichner © PantherMedia/Reinhold Herrmann; lebende Statue © Thinkstock/Photodisc
Seite 29: Uhr © iStockphoto/sandsun
Seite 30: Kleid, Bluse, Hose, Rock, Bikini, Schuhe, Pullover, Jacke © Thinkstock/iStockphoto; Hemd © iStockphoto/ARSELA; Geschenk © iStock/onurdongel
Seite 32: A © fotolia/legabatch; B © Thinkstock/Hemera; C © fotolia/Tomfry; D © fotolia/Andreas Gerlach; Einrad © Thinkstock/iStockphoto
Seite 33: Kiosk © iStockphoto/ollo
Seite 34: Hintergrund Konzert © Thinkstock/iStockphoto
Seite 36: 7a © Thinkstock/Photodisc
Seite 37: reiten © Thinkstock/Lifesize; kochen, Chinesisch schreiben, wandern, tanzen © Thinkstock/iStockphoto; Jo-Jo © Thinkstock/Hemera; Klavier spielen © fotolia/Markus Schieder

Seite 38: Karte Berlin © fotolia/obelicks; 1 © PantherMedia/Birgit M.; 2 © iStockphoto/querbeet; 3 © iStockphoto/Holger Mette; 4 © Thinkstock/iStockphoto; 5 © iStockphoto/Multiart; 6 © PantherMedia/Anja Kluge; Currywurst © Thinkstock/iStockphoto; Grenze © fotolia/fotandy
Seite 39: Stadtplatz, Museum, Park © Thinkstock/iStockphoto; Kino © iStockphoto/suzyoliveira
Seite 40: Flohmarkt © fotolia/legabatch
Seite 42: Würfel © iStockphoto/hocus-focus; Hemd © Thinkstock/PhotoObjects.net; Rock, T-Shirt, Jacke, Bikini, Schuhe © Thinkstock/iStockphoto; Pullover © Thinkstock/Hemera; Hose © Thinkstock/Dorling Kindersley RF
Seite 43: Lukas: Dominik Gigler, Gräfelfing; Junge, Pferd, Leine, Badehose, Fußball, Pizza © Thinkstock/iStockphoto; Hund © iStockphoto/GlobalP; Pommes © fotolia/Markus Mohr; Reifen © fotolia/stef
Seite 44: Trainer © Thinkstock/iStockphoto; Pizza © Thinkstock/Hemera
Seite 45: Plan © Susanne Dorner, München
Seite 46: Mantel © Thinkstock/iStockphoto
Seite 47: Hund © fotolia/Robert Kneschke; Pferd © Thinkstock/iStock; Napf © Thinkstock/iStockphoto; Katze © Thinkstock/Stockbyte
Seite 48: A © Thinkstock/Comstock; B © Thinkstock/Fuse; C © Thinkstock/Brand X Pictures; D, E © Thinkstock/iStockphoto
Seite 50: A, D, F © Thinkstock/iStockphoto; B © Thinkstock/AbleStock.com; C © Thinkstock/Ingram Publishing; E © Thinkstock/Photodisc; G © fotolia/Andreas Fischer
Seite 51: © fotolia/Alexander Rochau
Seite 53: 1, 2, 4, 5, 6, 7 © Thinkstock/iStockphoto; 3 © Thinkstock/Hemera
Seite 55: Badehose und grillen © Thinkstock/iStockphoto
Seite 56: Fahne © fotolia/createur; A, B © Thinkstock/iStockphoto; C © PantherMedia/Marcel Wenk; D © fotolia/Alex_Mac; E © Thinkstock/Fuse; F © Thinkstock/Comstock; Karte © Digital Wisdom
Seite 57: Fahne © Thinkstock/Wavebreak Media; A, E, G, H © Thinkstock/iStockphoto; B und Fahne CH © Thinkstock/Hemera; C Zürich © fotolia/bill_17; C SUP © fotolia/Alexander Rochau; D © PantherMedia/Petra Tilg; F © iStockphoto/grabi; Wappen Bern © iStockphoto/AnjaRabenstein; Karte © Digital Wisdom
Seite 60: beide Bilder © Thinkstock/iStockphoto

Alle übrigen Fotos: Alexander Keller, München
Zeichnungen: Monika Horstmann, Hamburg
Bildredaktion: Iciar Caso, Hueber Verlag, München